學習，玩真的

Learning

蔡淇華／著

推薦序

永遠是老師、也永遠是學生

認識蔡淇華老師以來，和老師的關係交織著幾種身分：作家和讀者、受訪者和採訪者、作家和編輯、朋友……我透過讀者、採訪者、編輯和朋友的身分，認識老師、向老師學習。

但其實，內心最盼望的是——有一天可以成為蔡淇華老師的學生。

因為，成為老師的學生似乎總有無限的可能，老師總是可以看到你身上那微弱的光芒，讓你的微光璀璨閃耀。

《學習，玩真的！》就是一位「老師」把心掏出來，把自己用生命煉成的智慧和學生們分享。蔡淇華老師的人生智慧一點也沒有中年的酸腐和想當年，只有珍重的心意和打動人心的真情。他不是站在一個高高的位置，告訴你該怎麼做，而是蹲下來理解你的徬徨和恐懼，告訴你其實他也曾經走過，而且因為徬徨和恐懼是那麼的深刻，至今歷歷在目。他願意帶著你，向著前方的黑暗走去，雖然一路崎嶇，但是淇華老師總是知道光的方向：「有路的、有法子的，只要我們願意一起站起來，深呼吸繼續走。」

總是遇到「蔡淇華」

還記得最初是從暢銷書《有種，請坐第一排》認識老師的名字，接著連結到新聞，原來是那位「中學時代帶刀上學的師鐸獎得主」。過沒多久，有一次想要搜尋父親與女兒的人物故事報導素材，又找到「野百合父親寫給立法院女兒的信」，原來也是蔡淇華。二〇一六年暑假，在網路上看到很轟動的一個環境專題——臺中市惠文高中校刊《惠聲惠影》封面報導〈迷霧森林〉，高中生對台中市空氣品質調查報導，不管是報導和編輯水準都和專業雜誌不相上下，讓我印象深刻……但沒想到指導老師又是——蔡淇華。

這讓我對老師實在太好奇了。身為讀者和編輯，讀了老師一個又一個故事，我曾經問：「老師，你為什麼會認識這麼多不一樣的人？」老師的筆下有被關過又浪子回頭的律師、有黑道的大哥小弟、企業大老闆、年輕創業成功的學生、美麗但又能寫作的偶像劇演員、才華洋溢的詩人、感人肺腑的熱血校長……他們生命都曾經和老師交織，創造出精采無比的故事，而且也都願意和老師一年又一年相遇的學生交織……為什麼？為什麼老師總是能吸引這麼多故事？

老師只是淡淡地說：「因為人生際遇起伏大，所以有機會遇見不同的人。」

生命幽谷裡穿梭的人

說得理所當然，但，並不是所有人都可以在人生的高低起伏中自由穿梭。人，多數的我們，往往跌進了低潮就走不出來；或是爬上了高峰，就忘記了世界還有別的樣子。

從年輕開始，老師的人生好幾次都跌進了深淵，卻還是充滿韌性地從谷底往上爬，把谷底的風景當成生命的養分，所以他能理解青春少年脆弱的心情，他知道霸凌不是玩玩而已，那是一種說不出的孤寂和隔絕，他會伸出溫暖的手告訴學生：「只要老師在，不怕！」他拉住學生的手，就不會放。

他的學生不只是在教室裡。

所以，老師會收到四十三歲的受刑人寫信給他，希望學寫作，想要重拾書本從國一開始學習；老師會收到讀者寫信給他，訴說自己在老師書裡得到的感動和在生命的徬徨中看到的希望；這些素昧平生的陌生人，和老師的生命只有一封信或是一則私訊的連結，老師卻無法放下老師的身分，有教無類。他溫暖的回應，讓受刑人的作文登上報紙，感動讀者；他指導的罕病自學生，今年也獲得清大錄取。

當老師從谷底爬出來時，他總會回望那風景。幽谷和黑暗不是絕境，而是能襯托光明和璀璨的最佳背景。

當老師離開谷底，他會記得，背景並沒有消失，他的責任是告訴世界上不食人間煙火的人，還有另外一個世界，是我們可以連結和改變的世界，認識世界的多面向只會讓你更豐富，不會讓你失去什麼。

讀了一篇又一篇的文章，最終我才發現，蔡淇華老師永遠不把自己當老師，他其實覺得自己是學生，面對任何人、任何事他都用赤子之心來面對，而且用命學習。老師曾經寫過這一小故事：二〇〇二年參加一所明星高中英文教師甄試，結果鎩羽而歸，因為自己的單字量輸別人太多。落榜那天，買了《GRE字彙紅寶書》，開始很有殺氣的「用命學習」，用吃飯、下課和睡前的瑣碎時間，地毯式地將一本紅寶書背了八遍。一個半月後圓了夢，考上了現在服務的學校。

老師至今還是用命學習，他走到哪裡聽到有趣的故事，立刻拿出筆記記錄，對於有興趣的人事物，他即刻行動，不問代價去探訪、去認識、去看看自己可以幫上什麼忙。我常常覺得，老師比我（一個記者）對於新聞還要有敏銳度和行動力。

寫著寫著我似乎也釐清了一些事情：蔡淇華老師是一位好老師，那是因為他也是一位好學生，他理解學生的困難和挫折，他帶著學生一起學、一起經歷失敗和成功。

理解了這一課，我似乎已經是蔡淇華老師的學生了！

因為有青春的熱情，因為有愛，所以我們可以永遠是學生，永遠有機會成為更好的自己。

親子天下總編輯　陳雅慧

推薦序

就繼續青春吧！

這晨，酷冷。

我在斗南街上等一群孩子，要載他們上山，這一趟行程一開就超過十年。

朋友問：「你這樣會不會太辛苦？」

我笑著回答：「攏嘛是青春。」

青春就是無怨無悔，上山就是代表理想實踐，也就是要面對更大的困境。

這幾年帶著學生攀爬百岳、單車環島、自主旅行、帶學生去遊行，幫小農賣咖啡，送米去給寒士，也跟學生去流浪……面對逐漸消退的體力，真想稍微休息。但真正的考驗其實是內心的折磨，必須忍受孤獨與誤解的強大心智，那才是上山真正要面對的困境。

每當心念一動，淇華的影像就浮現腦海，他比我更瘋狂，看到好朋友為了青春、為了愛，義無反顧。想想，就繼續青春吧！

雲林縣樟湖生態國中小校長　陳清圳

各方翻轉推薦！

淇華的每篇文章都深具意義、發人深省。我可能與淇華有相同的熱血或相近的教育理念，但我很羨慕他能引出動人的故事，寫出精采的文章，並藉以達到所欲傳播的理念。這些文章在臺灣看似微光，卻能經得起考驗，穿越時空。非常期待淇華能持續運用他的妙筆，在一篇篇的文章中孕育臺灣所需的暖花。

清華大學招生中心主任　陳榮順

這是一位充滿熱情、超高行動力，能捲起袖子積極入世、帶領學生站在高處俯瞰學校圍牆外壯闊風景的老師，真情流露、言詞懇切，寫給這一代、下一代的小孩忠告，如何鍛鍊自我品格、品味、品質，期望臺灣每一個孩子都能開始認真經營自己的人生、打造自己的「品牌」——因為有了品牌，格調提高，人也就自然而然脫胎換骨了——我想，這應該也是淇華老師念茲在茲、一寫再寫的用心所在。

中山女高「學思達教學社群」創辦人　張輝誠

每次看到淇華的文字，我的內心總是滿滿的感動。因為他總是那麼為學生付出，總是那麼勇敢挑戰自己，總是那麼醉心於教育。不管是學生、家長、還是老師，都能從淇華這本書得到「教育」的滿滿啟發！

臺大電機系教授、PaGamO創辦人　葉丙成

淇華老師是教育圈的「自燃人」，無須外力，自己就會熊熊燃燒，不時點燃身邊的人。

有一年冬天，受邀到惠文高中演講，我提到南方澳外籍漁工缺冬衣，他立即登高一呼，對近百位來自各校的高中生說：「自己暖和了，也讓漁工不冷吧！」短短沒幾天，全臺八十所高中職及臉友響應召喚，募集了上千件冬衣，還有學生拿出零用錢買暖暖包、發熱衣，一箱箱寄到南方澳，物資多到還能轉送東港和澎湖漁工，嚇壞了漁工和相關NGO，讓人感到爆衝的溫暖。

我深信，關心與你無關的人，是認識世界最好的方法，如此一來，這世上再也沒有陌生人了。淇華老師為漁工募冬衣的傳奇，就是最好的證明。

獨立評論@天下執行主編　廖雲章

在這個以假亂真的年代，蔡淇華老師帶著學生從書本出發，在生活實踐；從關懷開始，以行動延續。成績不是全部，如何回到人的根本，才是一生的學習。

推薦淇華的新書——學習，玩真的！

《閱讀理解》創辦人　黃國珍

作者序
學習，玩真的！

「主任，從你以前的經歷，我發覺你有一點亞斯，又有一點過動……」彥慶組長是特教專長，共事半年後，忍不住說出對我的觀察：「哈哈，感覺每一種特殊生的特質，你都有一點。」

「真的嗎？難怪我可以和特殊生很快混熟。」

「特殊生都有一點天分，但是因為比較固執，成長的路都不好走。」

「對耶！我這一生道路，真的起伏不平。」

「但幸運的是，主任，你有一個好特質救了你，你樂於學習，所以崎嶇的路，最後都平順了。」

彥慶組長提到的「學習」，讓我思忖良久，因為我是一個在求學階段不喜歡讀書的人。我受不了沒有架構的授課，不喜歡沒有連結的知識，更討厭失去應用邏輯的理論。因此不管我的身體在不在教室，我的靈魂一直在逃學。日後我大學被留級，研究所進出十年才畢業，都是必然，因為我不適應臺灣的教育。

諷刺的是，我日後成了臺灣的教師，還被稱讚為「樂於學習」。

讀書是為了學習，但讀書和學習不一樣嗎？

好像不一樣，因為學習不一定要從讀書開始，但學習到最後，就不能不讀書。

自己正職是英文教學，老被人問：「你怎麼學會英文的？」我總是回答：「我從未『學』會英文，我是『用』會英文。」

高中時英文老被當，大學雖讀英文系，但聽不懂，講不順。畢業後覓職，只要看到條件有「英文說寫流利」的工作，就直接跳過，最後躲在冰淇淋店當了六個月店員，只學會二個字，vanilla叫香草，topping是加料。

還好學長叫我到貿易公司幫忙。剛上班，看不懂LC（信用狀），就逐條問銀行行員，邊做邊問，三個月後，整本五百多頁的貿易書籍，竟然也摸熟了。但英文還是罩門，每次國外打電話來，都叫念育達商職的小妹接，心裡直呼「丟臉」。雪上加霜的是，公司業務擴張，學長分身乏術，便把貿易書信工作交給我。當晚我噩夢連連，一直夢到搞錯船期，貨到不了臺灣。

急中生智，到公館買一本最薄的《貿易英文書信大全》，到公司照本宣科，只換掉公司、數量和品名，一天來回十多封書信，竟也安全過關。

之後，神奇的事發生了，因為寫信時須用英文思考，一個月後，竟然用英文作夢，越洋電話也可以侃侃而談。後來為解決家中經濟危機，去補習班當輔導老師，才教三個月，文法的暗夜繁星，竟突然如星宿排列有序。以前預官英文考八分，考學分班英文竟然衝到滿分，最弱的英文竟成了一生覓職的強項。

如同美國學者艾德格・戴爾（Edgar Dale）提出的「學習金字塔」理論：在初次學習兩個星期內，透過閱讀僅能夠記住百分之十；透過聽講能勉強記住百分之二十；透過圖片增加到百分之三十；透過影像、示範有記住百分之五十的良效；參與討論、提問能強記百分之七十；而如果教別人與實際操作，竟能牢記百分之九十。

「實際操作」與「教別人」幫助我征服英文。尋思，若從此運用有效的學習策略，我有沒有可能成為有效率的學習者，達到孔子「君子不器」的期待，當個歌德般的二十一世紀文藝復興人（Renaissance man）？

事實上，不僅可能，而且真的發生了。「對」的學習，徹徹底底翻轉了我的一生。

離開貿易公司後，我曾毛遂自薦進一家超級會得獎的廣告公司。廣告是雜學，公司裡有太多專業是我以前沒學過的。記得參與泰山企業轉換logo（商標）及CIS（企業識別系統）的案子時，兩週內，我大概看了不下三十本與「商標設計」、「企業診斷」、「行銷」與「文案」相關的書籍。很奇怪，現場邏輯是明礬，放到抽象的混水裡，所有的知識都清澈見底。三十本書一下子就讀完又讀懂。是的，我突然變成「喜歡讀書」的人。

之後職場任務雜沓，但因為「玩真的學習策略」，可以一年進入一門新的知識。例如為了自辦遊學，熟悉了旅行社的業務；為了學詩，我用最有效的學習法——「教別人」，直接開「詩社」，邊講、邊學、邊寫，再回頭看當年如天書的「符號學」、「現象學」、「接受美學」，竟然發覺理論都是對的。之後應用「三一律」寫散文，應用「接受美學」寫詩和歌詞，竟然可在年過不惑之後得一堆獎，出了書，寫專欄。甚至可利用「無實用意涵的文學」，幫慈善機構募得八位數的捐款。

終於了解，這世上哪有「沒用」的科系？「沒用」，是因為「沒有應用」，所以「沒有用」。「應用」是為了幫助學術、走回學術，絕對不是反學術，但臺灣人太迷信學術的「知識論」了，害怕「耗時」的應用課程，會排擠「背誦知識」的時間；學術因此「近親繁殖」，在升學主義中寄生也共生，控制（control）也支配（dominate）了國人的學習模式，搞得知識永遠學不完，學生愈學愈痛恨學習，也離知識「解決現世問題」的本質愈來愈遠。

但沒關係，升學主義是打不死的蟑螂，臺灣人二十歲淨在學率，是身軀漸形龐大的恐龍，肥到百分之七十三，世界第一（美國百分之五十一・八，德國百分之二十六・三）。如馬克思的語言，臺灣人被體制化（institutionalized），心甘情願雙手交出孩子生命的自主權，被科舉威權控制與支配。像溫水煮青蛙，誰有餘力先從滾燙的水中跳出來，大叫一聲：「這制度，有問題！」

在UWC世界聯合學院就讀的陳孝彥，第一次回國時，發出了他「感覺水燙」的聲音：「歷史教授說，世界的歷史是學不完的，所以這學期只教你蘇俄六十年的歷史，目的是讓你透過這六十年的歷史，學會研究的方法，並應用這個方法終生學習，認識你需要的歷史知識。因為知識是今世最廉價的東西，如果你不懂應用的話。」

「知識論」教學根基於這個社會「齊頭式平等」的深層結構，並存活了一世紀之久；而學用合一的「方法論」雖是臺灣目前最想擁抱的教改方向，卻也讓人恐懼：若遽然翻轉為學習者中心的「方法論」教學，會不會學習、教學、考試三方面都因無所適從而得不償失？

例如寒假後，剛從波士頓姐妹校參訪回來的學生抱怨說：「老師，他們上課都在討論，好有趣。」我回答：「我當然想學他們的PBL（Problem-based learning，問題導向學習）與student-centered（學習者中心），但前提是，你必須在家中先看完一堆資料，那堆資料可能比課本還厚。學校必修科目一堆，教改考科換湯不換藥，全民對學習歷程檔案也沒有信心，在這些前提下，若不苦讀考科，上課只討論不考試，你們怕不怕在升學制度中吃虧？」

也例如德國之所以「學用合一」做得最好，是因為小五時學術與技職教育的雙軌分流，加上企業提供實習應用的傳統。但臺灣仍迷信文憑，廣設大學，使得「高職高中化」，弱化一國的技術根本；而現在「高中高職化」也搞得現場教師進退失據。

有太多教育問題、學習迷思，都不是三言兩語、移植西方做法就可以完整論述。因此這兩年開始有計畫的訪談、累積案例與數據、再研究各國資料後，整理出一篇篇學習相關的心得，集中發表於聯合報、親子天下與商業周刊的專欄，加上其他教師典範與文化觀察，結為一集，希望能提供關心臺灣教育的師長與學生，重新省視自己的學習，與箭在弦上、不得不發的新教改。

在自序的最後，我想邀請大家聽聽高雄岡山國中王昱霖同學的心聲：「會考是檢測國中生能力的篩網嗎？錯！它是個超大馬戲團，能讓好幾萬人表演的舞臺。在上場前有老師甩著考卷鞭策我們，上場時最大的觀眾正是家長，拿著爆米花與啦啦棒，掌聲、哀怨此起彼落。下場後最高興的就是老師，終於有新的故事可以講了！而我們演員呢？如同動物被訓練，如同動物不甘願的上場，如同動物假笑著下場。自認為高等動物的我們，卻跟其他被我們貶低的動物做相同的事。說來可悲，我們終究只是動物。」

早慧的心，有才情，更多的是深深的挫折感。這個「國家馬戲團」正每天將無數個如昱霖這樣優質的同學，馴服為「哀怨的動物」，他們慢慢失去讀書的興趣與動力，如果我們再持續「討好式妥協」，繼續「上下交相賊」，繼續玩假的教育，這個國家的社會階級將停止流動，青年危機也勢必引發社會日後的動盪。

教育問題治絲益棼，大家不妨拉出學習的線頭，或許來年飛梭經緯縱橫，織出江山錦衣。好友曾明騰老師說得好：「你可以不喜歡讀書，但你不能放棄學習。」在十倍速的時代，全臺灣的官員、師長與學生，都沒資格放棄學習。

敬邀眾生慧眼，與這一本書一起思考，我們未來要如何——學習，玩真的！

與高雄岡山國中王昱霖同學合影

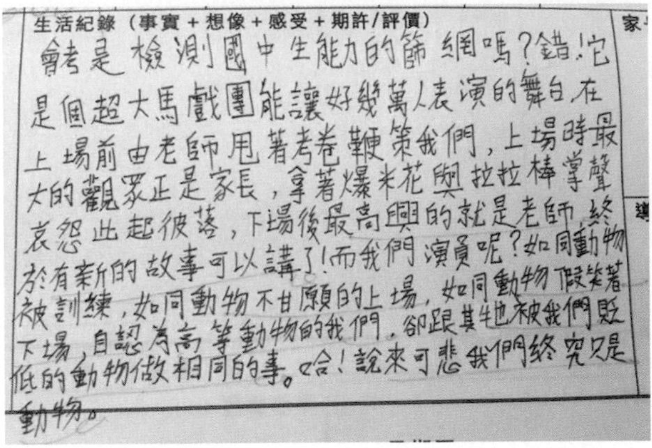

生活紀錄（事實＋想像＋感受＋期許/評價）

會考是檢測國中生能力的篩網嗎？錯！它
是個超大馬戲團能讓好幾萬人表演的舞台，在
上場前由老師甩著考卷鞭策我們，上場時最
大的觀眾正是家長，拿著爆米花與拉拉棒掌聲
哀怨此起彼落，下場後最高興的就是老師，終
於有新的故事可以講了！而我們演員呢？如同動物
被訓練，如同動物不甘願的上場，如同動物假笑著
下場，自認為高等動物的我們，卻跟其他被我們貶
低的動物做相同的事。哈！說來可悲我們終究只是
動物。

目錄

三　做了就知道

四　你可以不一樣

五　巨人的肩膀上

後記　從直覺回到直覺

第1章

反思就是動能

失敗和成功都只是名詞，而我們是動詞！

我們失敗是因為我們告訴自己失敗了。——托爾斯泰

很多朋友說：「恭喜你，你成功了。」

我很想回答：「你知道我每天都在經歷挫敗嗎？」

對於一個每天往問題撞去的人而言，一天二十四小時，沒有一刻有成功的自覺。例如指導五個名稱怪異的社團，學生的起點行為與先備知識每年不一樣，個性更是南轅北轍。每年，都是一個新世代。過去的成功經驗都要歸零，否則馬上要被經驗養大的傲慢壓垮。其中一個社團——新聞社，竟然是公民行動與校刊的混合體，一編，就是十四個年頭。我像個永不退伍的士官長，不能也不想升少尉。每年等待報到的新兵，短期操練，一邊教，一邊磨合，再推上戰場——每年一定要編出兩本夠水準的校刊。

很多人覺得這是一場荒謬的戰役。「編校刊會影響升學！」「校刊要不要電子化，不再殘害森林？」「既然不能強制收費，要不要廢刊？」校刊會不會是不轉動的風車？而我是那個幻想打聖戰的唐吉軻德（或是那匹孱弱的老馬）？堅持有意義嗎？學生真能在這科舉試場外的野林中，學到教室裡學不到的能力嗎？

但是一起走出野林的學生都懂，那種出走的過程有好多學習，可以認識好多人、好多事，會感覺活得風風火火。是鳳凰投入火中，死去又重生，不斷進化的過程。

所以每年一開學，我還是拿著生鏽的長矛，站在十公分的講臺上，用年近半百的聲帶誓師：「這不是演習，這是作戰。我們沒有經費，只要訂購量不足，這一期就是廢刊，以後再沒有《惠聲惠影》。」

這一期我們仍決心活得有聲有影，以「迷霧時代」為名，探討空汙與能源議題。校刊完成後，不斷接到朋友的電話，說是看見了，連電視臺劇組都打電話請封面人物試鏡。原來是中興大學莊秉潔教授在臉書上分享與推薦。感謝莊教授，花那麼多時間指導學生，教他們理性與思考。其實每次要完成一本校刊近二十個專題，要麻煩、感謝的人實在太多了。然而被看見總是興奮的，學生和我都覺得今年有機會拿到全國金獎，結果放榜：「銀質獎和美編獎，辛苦大家了。」再一次與金獎失之交臂，社長雖失望，仍如此在臉書上慰勉大家。

是挫敗嗎？是，因為大家是如此付出全力，奔赴那場不可逆的青春。是失敗嗎？不是，我們都進化了，不是嗎？就像今年一位剛上大一的學姐得了全國文學獎第二名，一位留英的學長今年入圍坎城影展，還有創立校刊的學姐用她的影片幫臺灣男子拔河隊募到了三百多萬……

托爾斯泰說得好：「我們失敗是因為我們告訴自己失敗了。」別告訴自己，我失敗了，也別告訴自己，我成功了，因為失敗和成功都是沒有前進動力的名詞，而我們是動詞！

來！這裡站著一個五十歲且不斷挫敗的動詞，因為長矛還在，因為老馬還有鐵蹄，還在等待更多動詞，迎向一次次偉大的挫敗。有一天，在上帝面前配上挫敗的勳章，祂念你的名字時，發音會是「戰士」——不會成功，也不會失敗的真戰士！

2016
HWSH
Hui-Wen High School No.37 JUN.2016
迷霧時代

沒動機的世代，沒動能的存在

為什麼韓國第一志願首爾大學招收的學生中，有百分之五十一不看聯考成績？
他們瘋了嗎？還是瘋的是臺灣？

「給我一個不想留在臺灣念大學的理由好嗎？」

「學習動機吧，臺灣大學生的學習動機有點弱，我想找學習動機夠強的同儕一起做研究。」眼前的鼎鈞是數奧、物奧雙金得主，高一取得保送臺大的資格，高三又獲得保送法國高等工程學院免費就讀的機會，但他也邀請我當申請哈佛及MIT的推薦人。

鼎鈞其實是個超愛臺灣的高中生；三月學運時看到好友意見相左，會難過落淚。鼎鈞也是個務實上進的小伙子；可以上第一志願的高中，但決定省下通車時間來讀書，選擇離家近的完全中學。他喜歡研究，常常坐在圖書館，安靜思考、計算，相信一切的難題來自於最基本的概念。他總是起步最慢，二〇一四年國際物奧競賽都是因為有選手棄權，他才候補上去。不喜歡背考古題的他，更在一題實驗題中，拿到了世界最高分。

不抄短線學習、不喜歡死背、不迷信名校的鼎鈞，不太喜歡別人稱他是天才。他覺得自己只是找到興趣，付出比別人更多時間在「建構」自己的知識。而臺灣的老師和高中生把升學當作全部，結果老師拚命「趕課」，沒時間做實驗；學生只想背公式，快速找到「標準答案」。但那答案是別人的，目標是社會給的，當衝到那個目標，動機便沒了，所以在大一和大二這個研究學問最重要的扎根期，臺灣的大學生常在迷惘中度過。

為什麼失去學習動機？難道有人天生不喜歡學習嗎？

我想起在英國的學生宗軒。宗軒和鼎鈞一樣，都在這所完中待了六年。國中時，他總在沒興趣的課程坐立難安，但他希望被肯定、希望被看見。「老師，我一直忘了跟你講，我要感謝你以前辦的『仲夏藝術季』，」一月回臺灣聚餐時，宗軒和我分享：「那三週，只要想到中午會有一群同學圍繞，看我拉大提琴，就覺得好興奮。」

「謝謝你喔！真希望你早一點跟我講。」我有一點激動，因為那三週，我被罵得很慘，「影響升學」的罵名不斷套在我頭上。

宗軒對自己的興趣超狂熱。高中時迷上拍微電影，每次拍新片，一定會四處找資源。我很幸運，是他討論劇本的對象。雖然他後來考到私立大學，但這一所大學重視實作，讓他大學四年學習動機保持不墜，畢業後成為北藝大研究所導演組的狀元。二〇一四年，得到臺灣微電影的百萬獎金；二〇一五年，世界排名第一的英國影劇學院錄取他。入學頭兩天的老師是《魔戒》的編劇與《哈利波特》的導演，而宗軒剛拍完的作業，學校經費一給就是臺幣兩百萬，用的演員是電視臺八點檔的男主角。

世界四千多個申請人中，宗軒成為錄取八人之一，被看重的是他強烈的學習動機，以及他在探索興趣的過程中累積的成品與「解決問題的能力」。英國影劇學院知道，要吸取世界級的人才，不能把成績當成唯一考量。韓國第一志願首爾大學也知道，唯有招收不死讀書的學生，才能維持國家人才庫充盈，因此在二〇一五年招生比例中，有百分之五十一不看韓國大學修學能力試驗（CSAT）成績，主要靠審查資料、面試及口試來尋找潛在人才。而有韓國麻省理工學院之稱的韓國科學技術院（KAIST），更只有百分之四看大考成績，因為他們不想失去今日的愛因斯坦或藍光之父中村修二——愛因斯坦高中時，因為背科不行被退學，結果不能在德國考大學，只能跑到瑞士念一所「重視理解、不重死背」的高中，這位不世出的物理天才方能誕生；二〇一四年諾貝爾物理獎得主、被譽為藍光LED之父的中村修二國中成績並不好，雖然數學不錯，但史地這些需要背誦的科目就完全不行。所以中村修二和愛因斯坦如果考臺灣的學測，一定考不了滿級分，也很可能被視為平庸之輩。但這種對國家最有用的偏才，卻會被韓國科學技術院看見。至於柏克萊的審查政策「全方位考量」（Holistic Review），一樣不以考試（SAT）成績為主要選才條件，避免選到考試機器或背景相似的學生。

臺灣亦了解此點，所以國教院規劃出「十二年國教課程綱要總綱」，也就是「一〇七課綱」，冀求每個學生都可以找到自己喜歡的科目以及學習的動機。所以除了國文、英文、數學、物理、化學這些基礎科目被列為「部定必修課程」，有近三分之一的學分為「多元選修」課，共占五十四到五十八學分。然而對於這翻天覆地、想畢其功於一役的教育改革，在高中的現場，大多數的教師是冷漠以對，因為大考還是專注在國文、英文、數學、自然、社會這些科目的表現。任何高中只要無法「有效能地」幫助學生考上好大學，馬上會被貼上「辦學不力」的標籤。

就像我為一〇七課綱開設的「文創設計課程」，要學生與商家簽約、做企業診斷、拍微電影、架設網頁、寫文案與品牌故事，覺得學生可以在這個課程中學到一生帶著走的能力，但是——「太耗時了」，學生總是如此回應。

我強力辯護：「杜威博士說，做中學才能內化能力；學習金字塔說，操作是最有效的學習，操作哪能不花時間？」

「但是老師，這些大考都不考，應付大考科目，我們已耗光了所有時間。」

真的，我們一起耗光了所有時間。

二〇一五年底，清華大學招生策略中心主任陳榮順教授邀我至清大分享：「告訴我們，你希望我們怎麼招收學生？」面對這群全臺灣最開放，提出繁星、拾穗與旭日計畫的教授，我當時說的不多，只記得陳教授的話：「在研究世界知名大學招生方式後，我們發現學習動機、學習熱情是學習表現良好的主要因素……大學選才方式會影響高中教學，大學應該以多元角度選才，方能促進高中教學正常化。希望臺灣領頭羊的大學，不要再把大考成績當成主要指標。」

但是報紙頭條仍充斥著滿級分人數比，臺北一所最強調社團與多元發展的公立高中，今年學測獲得滿級分的學生零個，而隔壁人數較少的私立高中卻有六個，被報紙嚴重打臉。老師很氣餒，難道讓學生多元發展，把時間花在與升學不相關的自我探索，錯了嗎？不，這絕對沒錯，這所學校為臺灣教出了許多最有創意的學生，像是五月天五個團員就有四個畢業於該校，他們不僅創造了經濟與產值，更因為他們慷慨捐輸，臺灣男子拔河隊上週才得以有經費出國，為臺灣拿到五面金牌。

如果我們真的想讓被唱衰多年的十二年國教真正地淑世利民，如果我們真的想讓一〇七課綱被教師擁抱後造福學生，麻煩別把大考成績當成大學入學的唯一考量。如果有可能，學學首爾或柏克萊，問問學生曾為自己的興趣做了多少的探索，如果學生表現出強烈的學習動機，相信我，那絕對是國家未來的人才，之後臺灣才能變成人才大國。

教育救國不應是未來式，是現在進行式！

臺灣人的 Common Sense

讀過書，不代表我們有common sense，因為common sense不只是常識。

記得二十年前與外師Frank合作教學兩年，他最喜歡叫我摸摸他的馬尾。

「油嗎？」

「不油。」

「Believe it or not，我兩個星期沒洗頭了。」

「唉呦……」我覺得噁心極了。「你有沒有common sense啊？這是臺灣不是美國耶，在溼度高的地方兩天不洗，頭就臭了。」

Frank向我解釋他的歪理：「因為我吃生機食物，又有打坐，所以身上毒素少，頭髮就不會油。」但他話鋒一轉，突然很嚴肅地說：「你知道嗎？其實common sense不是臺灣人翻譯的『常識』而已。It's more than that。」

common sense
is not so common

我不懂。Frank繼續解釋：「例如說颱風來襲會有風雨，這是『常識』，『常識』可以翻成general knowledge；而颱風天不要出去，就是common sense。sense 這個字有『感覺』之義，所以common sense應該翻成『察覺周遭風險的能力』。」

我過去常被笑「少根筋」，其實就是缺乏common sense。

五年前為了欣賞曼谷迷人的夜景，到State Tower 六十三樓高的Sirocco sky bar一遊，一出電梯就被絢麗的夜景所迷惑，連忙拿出相機要拍照，這時安全人員連忙拉住我：「No photo here and please sense the danger.」我往下一看，不禁頭皮發麻——四十階的陡梯，只顧拍照，很容易失足。

我們常常被眼前絢麗的美景所眩惑，突然踩空，就跌入一個永世無法爬出的坑洞。

例如一個老同事的女兒，大一時系際聯誼，坐上不認識男生的摩托車。轉個彎，撞上路旁的起重機，女兒沒了。當時她只看見眼前美好的假日、藍天、白雲，她沒「sense」到危險，隨意將生命的主導權交給一個陌生人。又例如我一個從事太陽能施工的親戚，他的年輕員工嫌綁著繩子施工不方便，從五層樓高的地方摔下來，沒了。再如一位學生家長，洗了幾十年的水槽，一日清洗醬菜缸，輕視兩人同組的SOP（標準作業程序）獨自一人下缸；一昏過去，我的學生就失去母親了。如果依照SOP，兩人綁在一起，每隔一分鐘拉一下繩子，雖然無聊，但寶貴的生命一定可以拉回來。看看臺中捷運施工，起重機不照SOP在支柱下放木板，鋼梁掉了，四個人從此回不了家。

人類為了提醒自己保持common sense的敏銳度，所以制定了許多SOP，但臺灣人因為太「靈活」了，所以對太common（一般）的例行公事覺而不察，結果二〇一一年臺灣工安死亡率為百萬分之二十九人，比英國的數字高出五倍。

但比工安更可怕的，就是當全臺灣都陷在一種「common sense的鈍化狀態」，此時我們的生命安全就陷入極大風險中。二〇一三年，臺灣有至少三千五百人死於道路交通事故，騎乘機車發生死傷者占七成以上，大學生每年因機車車禍死亡將近兩百人，交通事故死亡率在世界主要先進國家中高居第一。難怪美國在臺協會前處長司徒文曾以「吃美牛比在臺騎機車安全」來諷刺臺灣；也因為我們對「粉塵」的sense不足，二〇一五年六月二十七日八仙塵爆，十五人死亡，四百餘人受傷。臺灣人的知識普及了，但我們察覺周遭風險的common sense夠普及嗎？我們從這幾年付出的生命代價中知道，在臺灣common sense並不common；習焉不察的惡習，正殘害我們一生的幸福。

操偶人

女兒走了，但世洲老師用「偶戲」把學生的自信再「生」出來！

「同學們自己剪偶、寫劇本、做特效；在群眾前，用戲劇的口白操偶，內化各種能力，連成績後段的學生，都因此擁有了自信……」三位老師輪流在我面前講解「皮影偶戲」的教學歷程，全國評選時，他們只能講十五分鐘，但過了十六分鐘後，我的熱情還未被點燃，這也是他們今天請我來諮詢的目的。

此時螢幕上出現一位男同學，專心剪偶，看得出他行動不方便。「哲維（化名）國一時能動整隻手臂，國二時只剩手掌能動。國三時，知道偶戲隊入圍全國賽後，哲維堅持要來幫忙，因為他說偶戲是他國中三年最大的熱情，但現在他只剩手指能動，因為他得了漸凍症。」

我像漸凍症募款人一樣，被冰水一頭淋下，現在全醒了，但這只是左鉤拳，

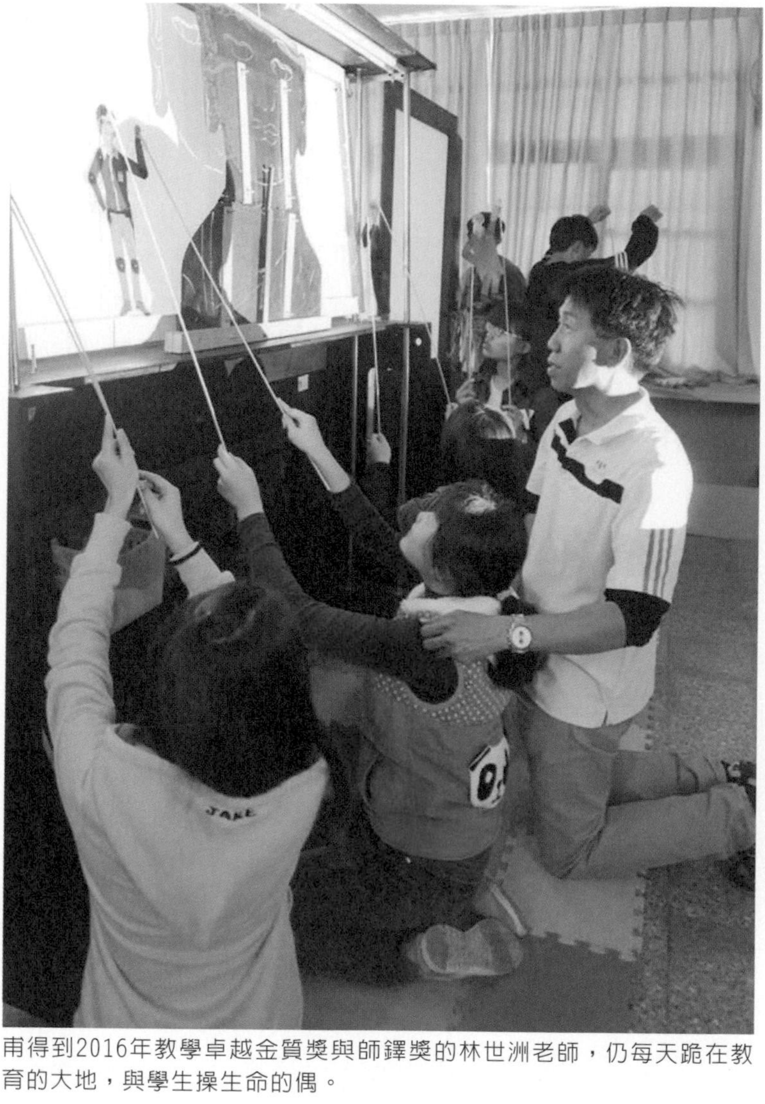

甫得到2016年教學卓越金質獎與師鐸獎的林世洲老師，仍每天跪在教育的大地，與學生操生命的偶。

還有右鉤拳。

螢幕上這時跳出一位快樂的操偶者，旁邊是一張同學寫給他的信：「老詹（化名），雖然你離開我們了，但我們會繼續操起你的偶，讓他繼續活在觀眾的笑聲中。」經老師講解，才知道老詹同學得了血癌後依然著迷於偶戲，升上國三仍不願退隊，但終於捱不過今年寒假，走了。

螢幕上接著出現一張張偶戲隊員的回饋單，內容不外乎偶戲給了他們自信與能力。我的眼眶漲潮，視線有一點模糊。

簡報結束後，我的高中同學張嘉亨、同時也是學校的校長，向我介紹三位成員：一位是累到爆肝的教學組長；一位是不知道明年工作在哪裡的代理教師；還有一位是當了三年主任後，自願下來當導師的林世洲老師，他們都「不合理地」額外付出。尤其世洲老師放棄主任職務，自願好好帶班，同時一人身兼四個社團的指導工作。他覺得在第一線，更能帶給學生改變。

這所學校是臺中市清水區清泉國中，一所沒有裝冷氣的海濱學校。在臺灣歷史上最熱的六月，我們都汗流浹背，但更熱的是我的心，因為我知道幾年前，世洲老師才小一的女兒就在他的懷中過世，那天也是興高采烈的校慶日。還來不及悲傷，他又投入了「學生街頭藝人」、「母親節感恩洗足」、「機器人社」、「偶戲社」等耗時的活動。「我們雖是弱勢，卻可以藉由各種課程設計，找出不同孩子的強項。」世洲老師要把學生的自信再「生」出來，就像他和太太兩年後又生出一個小女兒，和過世的女兒一樣面容相似，一樣對世界充滿好奇。

世洲老師和同仁們對教育充滿好奇，講起學生興頭就來了：「這些學生的家長，許多因為能力不足，早上常必須蹲在大馬路旁，像一尊尊時代的玩偶，等待人力仲介公司挑中他們到城市裡做苦力。他們希望孩子在學校學到能力後，能夠主宰自己的人生，當自己的操偶人。」回臺中市的途中，我想到鑼鼓喧天中躍動的皮偶，想到有一天，有的皮偶斷了幾條線，只能動動手指，就像哲維；有的皮偶不幸斷了所有的線，就像是老詹。或許我們每個人都是世界上的一尊皮偶，當線還在我們手上時，我們一定要好好當自己的操偶人，當有一天四柱齊斷、八字飄飛時，世上的人們會虔敬地摺好皮偶，如是敘述：「這尊偶，好樣的！因為他活過。」

如果，你想當公務員

不要把當公務員當成理想的墳墓。只要能堅持，身在公門好修行，每一個公務員都可以實現不同的理想。

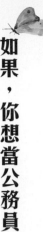

這間位於蘇澳情人灣的咖啡店，有著地中海風藍白外牆。在這裡，招待我的友人很好奇：「你為什麼每隔一陣子都要穿山越嶺，千里迢迢從臺中來宜蘭？」

「因為幸福感！」我想起第一次在礁溪的美感經驗：「我在林美石磐步道，追著嘩啦啦從雪山沖下的清流——好幸福！我在礁溪地景廣場，捲起褲管，讓疲憊的雙足浸在光滑的碳酸氫鈉泉裡，想到是自己土地湧出的——好幸福！」

「好巧，林美石磐步道和地景廣場，都是我在礁溪觀光所服務時負責的公務。」

我望著眼前這位與自己同齡的公務員，有點小激動，想不到「給我幸福」的英雄就在眼前。

「其實林管處將石磐步道一・七公里的環形步道整建得很好，但是連接外面的路徑陡峭崎嶇，產權不清，我們就主動去找三個相關的政府部門協調，拉順坡度，做好鋪面，遊客一下子就湧進來了。」

「地景廣場呢？」

「雖然預算不多，不過我們真的把那裡做得很精緻。」

「對啊，頭上有木造建築，底下又提供四種不同水溫的泡腳池，和湯圍溝溫泉公園一樣，水質好，造景佳，泡腳都不用錢。」我想起礁溪這十年啟用的公共建設，幸福感又來了。

「湯圍溝溫泉公園是我一位長官在工商旅遊處擔任處長時，爭取經費完成的。」公僕指著窗外碧海藍天下的公共設施：「這些都是他這幾年積極整建起來的。」

「真的，我這輩子還沒看過那麼厲害的公務人員。」咖啡店老闆這時踩過來，一起討論這位不知名的公僕：「和他討論如何將蘇澳這片弧形白沙灣打造成國際級觀光景點時，發覺他比走遍世界的我還懂。」

「我的長官從臺大法律畢業，擔任公職後勇於學習，竟然比我這個工程背景的還懂工程。」友人近乎崇拜地描繪他的長官：「他在彰化推完YouBike微笑單車後，就回來蘇澳建設。他做事好有方法、好有效率，常提醒我『選舉造成政權不定，我們能做事時，要趕快做事』。」

趕快做事？他急什麼？「明明有臺大法律的背景，有本事在業界挑戰高薪，為什麼他要待在限制一堆的公部門領死薪水？『公務員』的刻板印象不是『保守消極，推責諉過』嗎？」

「淇華兄說的沒錯，許多考進來的公務員，出發點是穩定的薪水，而不是淑世利民的大好機會，所以服務品質一下子就down下來了，好可惜。」友人說得有點焦急：「淇華老師，希望可以透過你的文字，告訴那些想考公職的年輕人：不要把當公務員當成理想的墳墓。只要能堅持，身在公門好修行，每一個公務員都可以實現不同的理想。」

我知道只有經濟生病的時代，年輕人才會爭先恐後搶當公僕，但當文官考選制度將這些菁英吸納進入公部門後，他們反而更有機會去醫治這個生病的時代。

所以，如果你想當公務員——真的想當——就答應我：要像雪山上朝著大海奔流而下的泉水一樣，清淨熱情，渾身有勁，你所有的同胞就有機會將雙足浸泡在故土的溫度裡——嗯……泡久了，會感覺到一個不知名公務員的熱度。是這些積累的熱度，千里迢迢，穿山越嶺而來，溫熱了台灣人的幸福感……

路，真的生在嘴上

路生在嘴上，當你問對問題，會有一隻手指向一條路。

大學畢業三年後，驚覺上一屆的學長紛紛考上外交官；還有，某一寢室的女生竟然全都考取公立學校老師。但好笑的是，我竟然不知道這些「好出路」。

那個年代，因應兩岸關係解凍，臺灣廣設駐外代表處，需才孔急，許多有準備的考生，幸運搭上時代的列車。而我則是「資訊不對等」的受害者，連月臺在哪裡都不知道，怎麼可能搭上那班車。還好幾年後，補習班的同事告訴我有「教育學分班」這檔事，我才能趕上這一輩子最想搭的車。

二十多年過去了，現在我們都很想知道，這個年代的列車停在哪裡？這個年代是不是沒車、沒票？大家都是依賴雙腳的草鞋族嗎？

其實有的，只是月臺上空空蕩蕩，班次不多，要等；還有，列車長不收你的車票錢，他只會問乘客一句話：你準備好了嗎？

準備？準備什麼？我們不是念了一輩子的書，用一生在準備嗎？

不，沒有目標的衝刺還是「迷路狀態」，知道目標在哪裡，才是「準備」的開始。而真正的目標，可能不在肉眼可見的星空，而是在「職場達人」用一生經驗值拉長鏡頭所見的輿圖中。

例如有「華爾街的印第安那瓊斯」封號的量子基金創辦人吉姆．羅傑斯（Jim Rogers），六十歲時才生下兩個女兒，為了女兒學中文，舉家由美國搬到新加坡定居，因為他知道，世界未來動能的火車頭，在說中文的中國。

例如曾獲德國法蘭克福奧林匹克雙金牌、凱悅飯店西餐主廚、現任國立高雄餐飲大學教授的陳寬定教授，會逼自己的學生顧好「外文」、「品格」及「勤奮」三件事，因為那是唯一通往世界一流主廚的捷徑。

例如一位從事電子商務的朋友，要他的兒子開始學習印尼話，大學一畢業，馬上送他到對岸學習電子商務，因為他發覺印尼在二〇一三年的上網人口已達七千萬人，預估到二〇一六年會突破一億人。而且在二〇一五年十二月三十一日，東協十國簽定零關稅的經濟共同體後，未來十年的經濟成長會超過百分之五。「我會叫我兒子別再迷戀『島內文青式小確幸』了，趕快走出去熱身，準備打一場世界級的仗。」

又例如我和一位同事，不約而同要求自己正在修教育學程的子女：「畢業後要挑高中實習，管他是私立或公立、薪資合不合理、是否為正職？反正一定要在高中階段的教學現場蹲十年，學經驗，因為『十年後是臺灣高中老師的大退潮』。」

在各行各業層層的迷霧中，真的有一群人看得見前方的道路，他們希望將階級「複製」給自己的子女，還有態度好的新鮮人。

如果你自認是個態度好、願意蹲點的職場新鮮人，別忘了去找你夢想職場中的達人。不要像二十多年前的我一樣，連向誰發問都不知道，成為「資訊不對等」的受害者。然後記得，找到達人後，勇敢張開口，真誠地發問。

真的，路生在嘴上，當你問對問題，會有一隻手指向一條路，告訴你，時代的列車，正停在那裡，等你。

第2章

教／學：改變的開始

老師最棒的書，是學生

書羽的流浪，帶回來的不只是一朵浪，而是一片引領我航向其他瑰麗陸塊的大海。我決定浮舟出海。

十年前，剛念完高一的書羽說要去流浪。

「回來後，再接校刊主編吧！」不想錯過這麼棒的人才，我趕緊先和她約定好。一年後，走過朱天文《古都》中深幽的臺北巷弄，踅過「耕莘寫作班」光怪陸離的小說世界，書羽回來了。

和生命對過話、被文學紋過身的書羽不一樣了。但想不到真正不一樣的，將會是我往後十年的身世。書羽壯遊歸來，改變了她的青春容顏，也翻天覆地地改變了我。原來學生的歸來，啟動的是老師的「再出發」。

那天她回來，手上拿著一本李崇建的《移動的學校：體制外的學習天空》：「你們兩個很像，老師有空一定要認識他。還有耕莘寫作班的許榮哲老師，口才超好，他們曾經組織過『小說家8P』……」

我因此認識了榮哲。後來榮哲代表他的出版社，替我出了第一本書《隱形的天才》。他的夫人小說家李儀婷則擔任這本書的編輯。而儀婷瀟灑不羈的大哥崇建，後來更變成我把酒言歡的好朋友。這群一直留在文學現場的朋友，形成強大的星系，慢慢吸引我進入他們的軌道。

「崇建，學校在新詩這一塊一直經營不起來。我想找一位能寫又能講的詩人來演講，你有認識的朋友嗎？」在學校對面經營作文班的崇建，後來成為我文學迷航時的最佳導遊。

「詩人嚴忠政和我一樣是太平人。我們常在文學獎的場子碰面。」崇建從天空垂下一個線頭，我慢慢拉，竟拉出一片璀璨的文學星圖。

新詩典雅晦澀，被視為貴族文類，幸好忠政帶我進入貴族之國，為我講述國中各種名物、典章，待熟悉新詩儀禮後，我終於獲得允許、進入文學廟堂，開始探人情、化詩句、法天地為節文，最後竟開啟得獎、出書、寫作專欄的意外人生。

書羽的流浪，帶回來的不只是一朵浪，而是一片引領我航向其他瑰麗陸塊的大海。我決定浮舟出海。

我了解要當一個好老師，不能固守在二十年前建好的碉堡——一座由考試階層搭起的封建之城。我們以為學生躲在城牆裡很安全，但是世界知識的板塊變動得太厲害，我城的地基早已鬆動，幾座「古色古香」的碉堡彷彿擺錯了時空，守不了幾座城池。我走出只能保護老師的碉堡，去尋我遍體鱗傷的學生：「告訴我，這個戰場與我當年描述得有何不同？為何你們鳴金卸甲、節節敗退？」

譬如當年畫得一手好畫、如今正職賣早餐的H，她無奈表示：「臺灣人根本就不重視設計的價值。我每天加班，公司一個月卻只給二萬四，想想不如早上賣早餐、晚上教小朋友畫畫，賺的還比較多。」

不對，擁有天縱之才的H一生成就應該不止於此。我趕緊做更多的「延伸閱讀」，才了解到二〇〇三至二〇一二年間，設計學門畢業生爆增三倍；加上同質性高，因此薪資被市場壓低。問了一些在這個產業做得很好的朋友，才了解若素描的基本功夠強，可以向許多知名的公共雕塑家拜師，徐圖來日；如果加強軟體應用能力，還可以成為廣告、電影或電玩需要的動畫師。

許多資訊一直進來，我發覺如果不知道全臺灣大學幾千個系所的特色、不知道臺灣各行各業的興衰、不了解在中國大陸工作的現況、不熟悉世界經濟的分工，單憑聘書上的主修科目，我根本沒有資格輔導學生面對未來的挑戰。

沒錯，只靠過去二十年所學的東西，老師無法給予學生解決未來二十年問題的能力！我開始廣發英雄帖給以前的學生：「來找我，老師想要學。麻煩介紹你就讀的學校，說明你從事的行業，引導我走進你去過的國家。告訴我過去這幾年裡，關於你、你的苦樂悲歡和這個世界交錯的故事，我都想聽、都想學。」

於是學生一個個回來：從天寒地凍的北歐、車水馬龍的香港、沙塵不落的北京，也有從創業路篳路藍縷的東南亞。離校多年，他們的面容多有不同，有的滿面風霜，有的意志遄飛；但相同的是，他們都帶來這個世界最新的光影。例如暑假時，剛從德國歸來的L在午餐的桌前告訴我：「老師最近寫了不少德國的教育，但有些資料要更新了。例如現在德國學生十一年級時，教師仍可『強力建議』學生未來的三種分流，但名稱已改變，因為家長不喜歡自己的孩子提早被定位為『技工』，這一點和臺灣家長愈來愈像；還有，我們說『德國人不重視學位』是錯的，德國應該是全世界最迷信博士學位的國家，高科技公司高層全是博士。」

許多學生給的資訊讓人大開眼界，甚至匪夷所思，但我「讀」過他們的故事後，總讓「閱讀脾胃」大開，期待鯨吞更多塊拼圖，拼湊出現世的樣貌。這種不厭精細的吸收，竟也壯碩了自己知識的筋骨，甚至自己也成了學生與業界的平臺，幫他們媒合不少工作機會。

很多同仁會好奇地問我：「為何你這幾年進步這麼快，能告訴我你都讀些什麼嗎？」

我很想這樣回答：「去讀你的學生吧！尤其是那些在世界盡頭流浪過的學生，他們的世界是3D立體書，他們的經驗是動人的故事書，他們的語言是我們最該傾聽的有聲書。」

親愛的老師們，在盡覽學院名籍之餘，若不想自外於這十倍速變化的時代，別忘了去讀你的學生。他們每一「本」的第一頁，都印著我們的序言，翻到下一頁吧！讀著讀著，我們的生命會繼續與他們的江河匯流，交織成彼此的波瀾壯闊！

老師最棒的書，是學生。

教育，玩真的就會很好玩！

二〇一六年八月十九日臺北市中等學校教務主任會議演講稿

當老師真的很好玩，不玩根本不知道自己有這項能力，翻轉教育最大的受益者其實是老師自己。

永遠記得畢業後從商的第一年中秋節，我把貨品在結關前都送出去。看著鏡子，覺得自己變得好老！那年我才二十四歲，從事禮品進出口。工作就是買一批貨、賣一批貨，沒有朋友，很寂寞。

問自己，人生留下什麼？

因為這段經驗，回到學校當老師時有再多委屈，都不是委屈。商場上的委屈是生命的空白。當老師的，委屈完卻看到學生的成長。

前年去波士頓一所全美前四十名的名校Pingree School，拜訪三位全波士頓最好的老師，他們平均年齡六十三歲。我在他們身上發現，厲害的老師都是終身的學習者及教學者。知識和經驗的積累，讓他們有能力用B講A，以科學講文學、文學談科學，所以學生一下子就懂了。

他們的大腦會不斷進化，教學能力不會因退休而停止；可是在臺灣教育現場，老師總是告訴自己「再撐三年就可以退休了」，所以臺灣教育最強的經驗值，總像音樂在最好聽的時候戛然而止。國家要培養一個校長不簡單，要讓一位教務主任走過前兩年也不容易，但整個制度總讓這些有經驗的人有責無權，最後，不如歸去，這些經驗值就跟著人一起退休了！

整個臺灣教育的浪費最可怕的就是人的浪費，在場各位是臺灣寶貴的資產，但是制度卻對各位不公平。

在我們的現場，不管最好的老師或最混的老師都是齊頭式的假性教評，考績通通一樣甲等。六年前去德州Anderson School參訪，中午時間看到老師擺攤介紹自己開的選修課，每個老師像是銷售員一樣向學生推銷自己的選修課。因為每位老師除了一半上必修、一半要開選修，如果選修課的修課學生不足會遭解聘。本來我還不相信，隔年換他們組團來臺灣交流，真的有個認識的老師，因為解聘沒來，讓我嚇壞了！

一〇七課綱鼓勵老師們開選修課，但很多人的態度是「我不開，能怎麼樣？」臺灣是個太照顧老師的地方——我們總說學生沒有倫理，但是老師這一塊也沒有。所有管理學放到我們的教育現場，一律無效，因為連最最基本的制約都不見了，沒有制約，基本上沒有人願意努力。

為什麼要這麼累？明明不做也可以活得非常好！好友清華大學副教務長、招生策略中心主任陳榮順，他和幾個好朋友研究全世界的招生方案，研發了繁星制度和清大特殊招生「拾穗計畫」。他們覺得學生的異質性高，但是為何要用一樣的方式入學？如果大家都看一樣的東西，那就不會有人去做「一生一課表」，每個人經驗值都會一樣。整個國家沒有異質性的連結，不會有創意。

大學畢業，我出校園去貿易公司做進出口業務，必須和英國、日本客戶合作。問題來了，當初我考預官英文只有八分——爛到爆！明明是英文系畢業，我都說我是淡江中文系。後來硬著頭皮寫了三個月的貿易書信，突然文法全通了，晚上作夢時還講英文。我在實作中，才真的學會英文。

走入實體世界，再回到抽象世界時，我就全懂了。我開始帶著惠文高中校刊社參與很多社會運動，像是搶救惠文遺址，或是爭取一中街固定時間禁止車輛通行，讓一般人好好逛街。這些活動最重要的並不是改變了什麼，而是教會學生思考邏輯，讓他們了解改變都需要長時間的人力和物力投入，還認識很多認真的公務員。學生不會只是批評，從發現問題、研究到變成政策，學生的反思能力提升了，因為大腦不斷的重整、操作。很多業主覺得接收到的大學生必須重新訓練，因為他們會的東西太抽象，離職場很遠。教改就是這樣的精神，多塑造一些環境讓學生解決問題，才能學得更好。

不玩根本不知道自己會，「教」是「學」最好的機會。我其實是一個什麼都不會、只會鬧笑話的人。一開始玩的時候，別人都不知道你在做什麼，自己也不太知道做得對還是錯。早期模擬聯合國都是國際學校學生參與，我就帶著穿制服的學生去參加，才發現：「哎呀，原來服裝規定是西裝。」但十幾年下來，我敢說我的模聯學生，能力是全國的Top。

為了在寫作課教洛夫，我買了洛夫詩歌全集四大冊，熬夜看完，還向詩人請教。以前我要寫廣告文案，一句行銷口號都寫不出來，但是詩每一句都可以成為口號，原來「沒有靈感、寫不出來」是弱者的藉口——我後來竟然一直得文學獎，寫作教材還出成了一本書。有學生想寫歌詞，我為此去學作詞，結果自己寫了二十幾首歌，玩得實在是太瘋，玩到今年要出專輯了！

這兩年間，我的身邊出現了五個團隊，而且開始有人對我說：「淇華老師，和你一起做事覺得有希望。」當老師真的很好玩，不玩根本不知道自己有這項能力，所以翻轉教育最大的受益者其實是老師自己。看學生變得自主，學習歷程的品質與方法都獲得提升，教書真的變得很有意義。改變正在發生，去做，不可能才變得可能。

我們都會抱怨限制很多，抱怨過然後呢？有個朋友說，他以前剛進學校時也衝撞體制，但是一衝就被罵，他負重但無法忍辱、想求全卻無法委屈。他看到我這樣玩，覺得我不一樣，「被罵還是繼續做」。十幾年下來，一堆學生回校找我，等我退休時，我擁有這些學生，他卻什麼都沒有。

教育真的很好玩，去玩，就對了！

讓一切可能發生吧——當我們還在現場

拿起書，眼中發出恆星熠熠的光芒，讓我們大步邁入孩子的星系。

C今年以極小的差距沒通過教檢。

「被我老爸罵死了，實習完卻不能拿到合格教師證，真的快崩潰了！」

「未來有什麼規劃？」

「很茫然，有小補習班請我當課程主任，也有朋友請我到業界。」

「如果妳不當老師，真的可惜，妳會是一個好老師。」

C去年在我們處室實習時，主動加班訓練外交小尖兵，沒多少薪水，還自掏腰包買點心給放學後練習的學生，結果學生不僅得了獎，還將她視為可以傾訴理想的生命導師（mentor）。

C眼裡露出熠熠光彩：「主任，我真的適合當老師嗎？」

「當然適合！」

C樂於學習，對工作有熱情，對學生有愛，她絕對是個好老師。

「再堅持一下吧，或許這一年可以先當代理代課老師，『做中學』可以加強妳的本職學能。像我們以前一群非師範體系、甚至非名校畢業的朋友，一起在教育現場蹲了幾年後，包括我自己，最後一半以上都考上了理想的學校，因為學習金字塔告訴我們，教別人可以學到最多。」

剛好一位老師請產假，C真的聽我的建議，接下了她的代理工作。

其實全國像C一樣修過教程、完成實習而無正式教職的老師約有兩萬多人，這當中也包含取得合格教師證而未謀得教職者，這些老師通常會先擔任代理代課教師。或許他們考運不濟，但有極多數和C一樣，學經歷完美，訓練有素，而且充滿熱情。他們正紮紮實實負起教養臺灣下一代的重責大任，填補了國家因應少子化所產生的教師員額缺口。

事實上，這個缺口隨時在發生。常常一位老師因為緊急事故請假，學校人事便急如熱鍋上的螞蟻，到處寄信、PO臉書、或是Line留言，用自己的人際網路去解決燃眉之急。然而這樣「人求事」或「事求人」的大需求，實在需要整合到一個全國性的網路平臺。

透過朋友得知，教育部國教署挹注資源，建構了「全國代理代課人才庫」。趕快按圖索驥、上網看看，哇！真的是利民便民！真的做到了一站開缺，全國曝光！這樣激勵媒合的平臺，節省時間、人力，而且降低城鄉資訊落差，可以有最高效率將職缺配送給可能應徵的人才。

為了了解更多，我打電話到國教署詢問。有別於其他求職網站，教師履歷及證件可完整呈現讓學校參考，而且一筆履歷可以重複使用。還有夢、還有熱血的老師，不管是剛畢業或是已退休，都可以上網在教師端登入，註冊帳號後，填寫基本資料、資格證書、履歷表，再查看學校的需求。一發覺符合履歷之職缺，點選「我要應徵」，就有了揮灑教育愛的機會。我也趕快將連結傳給學校人事。只要在網頁學校端登入，選擇媒合管理、新增職缺，看到符合之教師履歷後「發送媒合通知」，就不用再像過去一般惶惶不可終日了。

C現在仍會拿著文法考題和我討論，她知道「現場」是學習量最大的道場，而學校是「一切可能」發生的「現場」。祝福C，祝福臺灣所有對教育有夢的師者，或許我們位置不同，但我們都做著相同的事，帶著專業與愛，一點一滴地在課間鐘聲中積累，積累出更強大的下一代。也正是因為還想聽一聽那代表未來的鐘聲，所以我們拿起書，循著鐘聲，眼中發出恆星般熠熠的光芒，大步邁入孩子的星系，讓每個渴望知識的行星，因為我們燃燒的熱，反射出耀眼的光芒！

所以，讓一切可能發生吧！當我們還在現場。

代理代課人才庫 http://ptst.k12ea.gov.tw/Jobs/Default.aspx?type=1

迎來第一次高分！

生命的皺褶，是一團不理想的考卷。——然靈

學生德恩大一就讀南部一所國立大學體育系，有次回來對我說：「老師，我的同學希望我教他們英文，但他們有些人連二十六個字母都背不齊。」德恩對這些同學的未來憂心忡忡，因為這些靠競技保送上大學的體保生，大部分不可能一輩子靠競技能力養活自己。他們多是中學階段的5C學生，雖然上了大學，但許多人連一封信都寫不好。「適合」的智育教育之匱乏，讓他們成為社會上最缺乏競爭力的族群。

「讓他們得一次高分吧！」我提出我的建議。

十多年前我在一所私校接高三體育班，這些體育選手的英文程度良莠不齊，一個選手P的英文考卷上，單字題永遠留白，選擇題永遠猜C。

「你為什麼要放棄英文呢？」

「老師，我沒放棄英文，是英文放棄了我。單字拼錯一個字母就是全錯，補考也出得太難。」

「好，明天你來補考單字，我只考選擇題。」

P隔天拿了九十分，興奮得拿考卷到處炫耀，因為他一輩子沒拿過那麼高分。這是我當年出的題目：

機會＿＿（A）opportunity（B）car

我知道P沒怎麼讀，但我故意讓他得一次高分。大學畢業後，他成為體育用品社的業務，去年在臉書找到我。「老師，謝謝你當年幫我『製造』信心，以前我有念沒念分數都一樣，連重補修上的都看不懂，我當然選擇不念了……我現在上班常用到英文，慶幸我高三被導仔你教到，沒放棄這一科。導仔，多希望臺灣的老師都能學你『幫學生製造信心』。」

P的經驗教會我：要為今日的學生減C，最好的方式可能是「幫他們加A」。

許多學校為減C開設課後加強班，但方向可能錯誤；因為這些學生需要先降低難度來製造信心，幫自己先加一點A。上週從美國寫信給我的Andrew，在課程差異化後得到信心，因此翻轉一生：「Hello 蔡老師，我是Andrew。從小成績總是吊車尾，媽媽常常安慰我：我八月出生，年紀最小，所以才跟不上。但事實上，我在臺灣時，因為成績差，被貼上『壞孩子』的標籤……我國一念完開始到美國念書，美國的制度讓所有學生可以依照自己能力選課，每一項科目也會開出不同難度的課程：CP（正常難度）、Honor（難度較高）、最難的AP（大學課程）。也因為可以挑選適合自己程度的課，我不會跟不上而感到挫折，開始對念書有興趣。我不必擔心不拿手的科目，可以把心思放在喜歡的事物，漸漸有了自信。高中時，為了準備大學申請，我到校外找老師學3D繪圖，為將來申請建築系做準備，後來申請進密西根大學。為什麼以前在臺灣，沒有人看得起的廢物學生，到了美國卻能申請進入全球前二十名頂尖大學？」

Andrew很幸運，然而我們的教育不是那麼喜歡給學生信心。

女兒念國中時，數學常做到哭。國中基測考完，一所市立高中都上不了。不想讓她信心被擊潰，我勸她選擇高職。在高職，因為學科學習難度降低，女兒反而愈讀愈有信心，最後上了第一志願的科大。

原來，自信對一個人的影響那麼大。

Andrew和我女兒很幸運，有家庭系統協助找到自信。但一開始就「輸在家庭」的孩子，誰陪他們應戰生命不公平的困局？誰能給他們自信？這是親子天下記者李京諭在跑了一趟偏鄉後，最心疼的懸念。

臺灣東部一所海邊國中，校內一堆5C的學生，校長決定先從非學術學程開始，為孩子找到學習的理由。他開設木工班、機車班，家長覺得學這些有用，便將孩子一個個送回學校；校長再成立籃球隊和棒球隊，讓孩子們玩得快樂，喜歡上學。雖然一開始接觸智育的時間沒其他學校多，但孩子在木工設計與拆解機車的過程中，得到了樂趣與自信，更得到了學習英文、數學的動機，最後這些國中生竟然得到了俄羅斯、紐倫堡與馬來西亞發明展的大獎。

原來在其他跑道加A，也是補償智育C的好方法。就像德國的雙軌教育，全國四分之一學科落後的五年級學生，必須向職場的業師學習，在操作中找到學習的動機後，自然會回到智育的學習。幾年前一次與吳寶春師傅同車，寶春師傅說自己國小時一直是班上最後一名的學生，最後因為要計算麵粉的量，學會了數學；為了讀懂食譜，學會了日文；為了要經營公司，學會了管理。只有國小學歷的寶春師傅，甚至在今年拿到了新加坡大學的管理碩士學位。

如果我們不想讓孩子花了九年只學到挫敗，如果我們真的想要落實「多元適性」的理想，應該先讓孩子們找到學習的理由，選擇可建立自信的那條跑道。

在英文系念希臘神話時，讀到塞普勒斯的國王皮格馬利翁（Pygmalion）花了畢生心血，雕成一個少女像，他將之命名為加拉蒂（Galatea），日夜盼望雕像變成真人。他的真情感動了愛神阿芙蘿黛蒂（Aphrodite），於是賦予雕像生命，並成為皮格馬利翁的太太。

教育學家根據這個神話發展成比馬龍效應（Pygmalion effect），指的是如果對學生期望愈高，他們的表現就愈好。其實比馬龍效應影響最大的是學生對自己的期望，也就是每個人的生命都是「自我預言」的實現。就像我念高中時，因為英文、數學的挫折，失去了自我期許，我只認為自己是害群之「馬」，永遠不可能成為人中之「龍」，甚至半年帶刀上學。直到在「聯考不考」的文學中找到自信後，才慢慢走向學術，再走回自己。

這仍然是一個相信教育最能夠「翻轉龍馬」的年代，但別忘了，我們應看穿分數的假象，因為每個人的能力不同，當全國學生都用同一種課本，考同一種試，我們勢必會不斷製造5C的學生。或許我們可以從教育的多元性出發，讓不同的孩子有不同的學習難度，甚至引導更多孩子「把心思放在喜歡的領域」，相信這個世界上的人中之龍，將不會只有Andrew而已。

孩子，你還痛嗎？

哪裡會有人喜歡孤獨，不過是不喜歡失望罷了。——村上春樹《挪威的森林》

「Frank說他『非常非常非常非常』喜歡新學校及同學，還謝謝我們這麼努力安排他去那裡！週二找到他，他還趕我們快點結束聊天，因為他要和同學玩呢……」

開學第二天接到Frank母親傳來的訊息，想起她寒假前無助的告白：「同學問Frank想不想玩打架的遊戲，他才說不想，同學的腳已經踢在他的臉上了……老師說Frank有瞪回去，所以也有錯，和欺負他的同學一起在走廊罰站一小時……學校已經處理好幾個月了，但霸凌者最近認識了校外幫派，霸凌的情形仍在持續，Frank求助無門，常會莫名地哭泣，早上起床，會問說『今天可不可以不要去上學？』」

Frank的父親是外籍人士，母親是臺灣人，他曾在國外及臺灣東部念小學，去年舉家遷到臺中，就讀公立國中。沒想到才念不到一個學期，身心就遭受到巨大的摧殘。沒遭受過霸凌的人，很難理解被霸凌者的痛，這個痛，曾如鬼魅般，糾纏我二十五年之久。

高二時，一個被我「罩」了一學期的同學，找了二十幾個人把我圍在學校牆邊動手，還放話以後每天堵我，只因考試時我對他太兇：「別踢了，我也寫不完。」幾個月後，兩位被退學的「黨羽」爬進校園，和我演出追逐大戰，追到教官室，待教官找兩方家長來，父親幾乎是用上了黑道的力量，才停止了這場青春的噩夢。

當時的恐懼差點逼我做出悔恨一生之事，因為我每天帶刀子上學，常夢到自己殺了對方，驚醒時，要望著雙手幾分鐘，才確定手上沒沾血。

這個夢，四十二歲才停止。

「那時候，你有什麼感覺？」一位女兒遭到霸凌的臉書朋友這樣問我。

「生不如死。」真的是生不如死，心痛遠大過身體的痛，每刻都在問：「這世界怎會有『恩將仇報』之人？這世界還有什麼公理？」

臉友的女兒媛婷被霸凌後，得了身心症，臉友也憂鬱傷痛至今：「小女小五時因在班上受老師和同學疼愛而遭忌，引來凶悍同學『關係霸凌』，在班上遭惡意孤立，大病一場……其實一開始很簡單，師長只需花約十分鐘，清楚簡單告訴對方：『妳們做錯了，不可以這樣。』即可處理好的事，卻因導師和學校怠惰、畏事、不處理，導致孩子的恐懼和憤怒一直無法消除……我非常擔心孩子會想不開，孩子心中充滿了負面情緒，她切斷了所有和那個學校的連結……這兩年來我們過得很辛苦，孩子的傷痛一直都在。」

「特別」常是各種霸凌的起因。Frank身為混血兒而特別，媛婷因秀異而特別，特殊班的學生回歸主流後，也往往因為自身的特別，成為霸凌的對象。

亞斯是個關係霸凌的受害者，畢業前亞斯告訴我他的祕密：「老師曾問我，為什麼下課鐘聲一響，馬上就可以在圖書館看到我，那是因為我有自閉，是特殊生，下課時看到大家大聲談笑，想加入，就會聽到一個人緣好的同學說：『他怪怪的，不要理他。』那種孤單的感覺好可怕。」是啊，誰喜歡高中三年都待在圖書館。如同村上春樹在《挪威的森林》中所形容的：「哪裡會有人喜歡孤獨，不過是不喜歡失望罷了。」

很奇怪，「人緣好」的人往往會製造關係霸凌。

宇秀是名聽障生，一位班上人緣很好的男生喜歡找她麻煩，其他同學也跟著有樣學樣，一開始動口，最後也動手。二〇一二年教育部頒布「校園霸凌防制準則」後，學校便依程序處理宇秀的案子，但一次會議之後，宇秀的母親趴在桌上痛哭：「你們只是在處理程序，程序走完了，霸凌的同學沒受到該有的處分，宇秀還是活在恐懼中。」

他校老師告訴我宇秀的故事。那位老師和我一樣，學生時代也是霸凌受害者，宇秀的母親從那場會議離開後，他沉痛地對全場的委員說：「你們沒遭受過霸凌，似乎不了解被霸凌者的痛，你們只是用程序釐清自己的責任，只專注於程序與表單，可是根本忘了要處理的核心是『人』，你們是否關心『霸凌者受到足夠的制約嗎？』或是『霸凌行為能否終止？』你們有人去問問宇秀：『妳的心現在還痛嗎？』宇秀的母親會哭，是因為你們沒做到任何一項。」

果不其然，幾個月後，宇秀輕生了，雖然被救了回來，但我們不能不重視宇秀對霸凌的死諫。

宇秀不是個案，霸凌仍普遍存在各校園的暗角。根據兒童福利聯盟針對國小到高中職進行的「二〇一四年臺灣校園霸凌狀況調查」，發現逾四分之一（百分之二十六・四）的兒少曾經有被欺負的經驗；在過去一年內曾被欺負的比例為百分之十五・二，長期遭霸凌的有百分之三・五；男生曾被肢體欺凌的比例為二成五，是女生的二・五倍。

任何一個孩子，都可能突然成為被霸凌的「黑羊」。

前馬偕醫院精神科主治醫師陳俊欽，在所著的《黑羊效應》中指出：「屠夫不見得心狠手辣，絕大多數的屠夫都是溫馴而守法重紀的，但是當他們聚在一起，在黑羊效應中，卻真的就謀殺了一隻無辜的黑羊……黑羊往往在經歷過一次黑羊效應的攻擊後，畢生難忘……屠夫恰好相反，即便參與多次黑羊效應的『祭典』，參與了多次殘忍而血腥的傷害行為，但是對於自己做過的一切，卻幾乎沒什麼感覺。」

霸凌者有時候真的只是「玩玩」黑羊的心理，就像當初那位在廁所裡對我動手的同學，對教官說：「我只是和淇華玩玩而已。」霸凌宇秀的學生一樣在自白書寫下：「和她玩玩而已，誰知她當真。」很多師長信以為真，難怪許多對霸凌的回應都是「同學的遊戲衝突」或是「嬉鬧玩過頭」，但如果只是「遊戲」，二〇一六年日本青森市女學生臥軌自殺後，不會在手機留下遺言「請停止霸凌行為」；如果只是「嬉鬧」，屏東縣高樹國中的葉永鋕，就不會常被同學強脫褲子「驗明正身」，上個廁所就倒臥在謎團的血泊中。

霸凌永遠不好玩，也不好笑，也永遠不是單單「反霸凌海報」或「反霸凌熱舞」就可以遏止的。處理霸凌的第一原則永遠是「有感」！

面對「黑羊」孤立無援的眼神，師長可以「無感」地對即將崩塌的靈魂回覆：「我聽他說只是玩玩」、「我已跟他說不要再欺負你了」，或是「學校已經在處理了」；也可以像我的學生雯雯一樣——她現在當代理老師——請學生寫出霸凌別人的手段，黑板上便出現了「不理他」、「攻擊他」、「罵他三字經」、「陷害他」等字樣；接著她問學生，若有一個同學這樣對你，你的感覺是什麼？學生回覆「莫名其妙」、「生氣」、「煩」等感覺；最後她問學生，若是全班同學這樣對你，你的反應是什麼？學生們開始出現痛苦的表情，表達出「失去信心」、「很弱」、「都是我的錯」、「活著沒有意義」，甚至「想自殺」的激烈反應。是的，學生有感了。

一個「感同身受」的老師，會從高高在上的法官位置走下來，蹲到孩子煉獄中的視角，用心、用有溫度的肩膀表示：「老師在，老師會保護你。」孩子才會得到他們夢寐以求的「安全感」。

因為經歷過霸凌的痛，當導師時，我永遠會在第一週宣布：「我禁止我的班有任何霸凌行為，若同學受到欺負了，來找我。」因為亞斯的離群，這學期起，我開始會對任教的班級說：「下課時，當你們的笑聲占領整個空間時，麻煩用心去觀察：誰在，卻也不在這空間裡。邀請那位同學走入你們的世界，你們的笑聲就不會成為他人心碎的聲音。」

處理霸凌需要專業也需要學習，像我年過半百後，才知所學不足。其實，處理霸凌最需要的是一顆心，就像那天與Frank全家人同席時，我說：「Frank，你不用再恐懼了，剛剛聯絡了我們學校的主任，和一位好朋友主持的學校，他們都有心幫你。」

因為這一群「有心」的教育夥伴，Frank不再畏懼上學。他開始相信，相信師長的肩膀一直都在，然後他那顆會痛到哭、痛到醒的心，不再痛了。

（本文案例人名皆為化名）

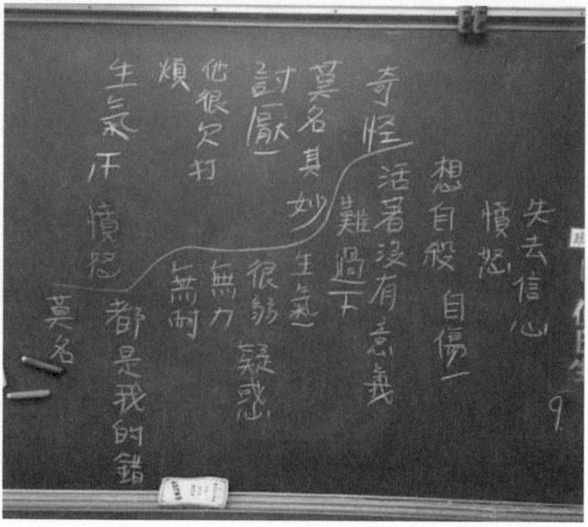
失去信心
憤怒
想自殺 自傷
活著沒有意義
難過下
奇怪
生氣
莫名其妙
很疑惑
討厭
無力
他很欠打
無耐
煩
生氣
憤怒
都是我的錯
莫名

不完美，仍值得愛

柯洛帝原想寫到小木偶被壞人吊死在大橡樹，但他發現，這塊冬日待燒的木柴，如果懂得付出愛，就可以點睛開光，值得得到生命。其實，我自己就是一個活生生的「皮諾丘」……

他，擁有全世界最有名的長鼻子；他，具備人類說謊、貪玩、懶惰等通病，也擁有野性和自由的欲望；他，因為探索世界的大冒險，成為好奇和想像力的化身；他，是小木偶皮諾丘！

這個故事的作者是義大利作家卡洛・柯洛帝（Carlo Collodi）。柯洛帝生於佛羅倫斯，是十個孩子中的老大，雙親都是侯爵家的僕人。侯爵夫人很疼愛柯洛帝，幫助他進入一間備受推崇的神學院接受教育。青年時期加入軍隊參加獨立戰爭，戰後，他發現自己對政治充滿熱情，創辦了政治刊物《街燈》，也寫文學評論、小說和舞臺劇。

一八七〇年代開始，柯洛帝的創作轉向兒童文學。一八八一年七月，柯洛帝開始在報紙上寫連載，故事發生在一塊木頭被刻成小木偶之後，一連串奇妙而精采的冒險故事就此展開，刊出後立即引起廣大的迴響。柯洛帝原想寫到小木偶被壞人吊上大橡樹就停止連載，然而，這「悲傷」的結局讓報社編輯部的信件堆積如山！得知讀者如此喜愛這部作品，柯洛帝繼續提筆，改變小木偶皮諾丘的命運，讓他歷經磨難，最終懂得何謂勇敢、誠實、愛，變成一個擁有真實情感的小男孩，一如今天我們熟悉的情節。

然而我們常只記得皮諾丘一說謊鼻子就會變長的橋段，鮮少人知《小木偶皮諾丘》如何在幻想與現實做到微妙的平衡。翻開《小木偶皮諾丘》，我們會遇到直言勸善的蟋蟀、詐騙集團狐狸和貓、愛咬文嚼字的烏鴉醫生、盲目判刑的大猩猩法官、大笑到胸腔迸裂而死的巨蛇、背著小木偶飛行百里尋父的鴿子；以及患難與共、並肩脫險的金槍魚。

這些迷人的角色和刺激萬分的冒險，其實也隱喻了社會中不公不義的怪象。同時，他們也見證皮諾丘因貪玩而蹺課；因貪心而受騙，因此變成了驢子，還掉進大怪鯊的肚腹裡。最後，皮諾丘為了拯救世上最疼愛他的父親，通過了勇氣、忠心以及誠實的考驗。

其實，我自己就是一個活生生的「皮諾丘」。小時候我喜歡說謊，和皮諾丘一樣貪玩，自制力差，甚至陷入不告而取母親財物的惡習，當被母親發現後，也深感自己「罪大惡極」，若被罰以吊上大橡樹亦不為過。但是深愛我的親人原諒了我，教我愛、教我付出、教我誠實和勇敢——我的眼睛因此開了，才能擁抱今日厚實的生命。

皮諾丘（Pinocchio）這個名字是由義大利文pino（松樹）和occhio（眼睛）組成的，亦即小松果。原是一塊冬日待燒的木柴，因為懂了愛，得以點睛開光，得到生命。《小木偶皮諾丘》除了告訴我們不完美的孩子也有改變的可能外，還深情深意地讓我們了解：沒有愛，我們就只是塊毫無感情的木頭；但若懂得給予愛、付出愛，我們就能成為真正的「人」！

每一個老師，都可以是業師

不了解自己需要什麼，就出局了。

「開學第一個月，生涯導師要他們『找三個工作』。」好友KiKi日前分享兒子在普渡大學的經驗：「兒子開始思考自己的需要。搜尋一堆資料後，寫下三個志願：一是Sony混音工程師；二是環球旗下的錄音室；三是蘋果電腦工程師。」

「為什麼會選這三個工作？」

「因為兒子念的是電機工程，又對音樂有興趣。」KiKi繼續說：「選這三個工作還不夠，老師還要求他們詢問這些工作公司的徵才條件和年薪。調查後才發現，這個職場上有人拿到五百萬美金的年薪。同時也發現一個邏輯：沒做過第二個工作，很難拿到第一個工作；若想拿到第二個工作，最好修過傳奇人物保羅・布蘭登・吉伯（Paul Brandon Gilbert）的課。」

「這好有趣！」

「不僅有趣，而且有用。兒子發現保羅在大學兼課，便大膽寫信請教保羅，保羅請他先修一門線上課程。結果兒子現在不僅認真修這一門線上課程，還轉到音響工程學系。」

KiKi的分享讓我覺得心有戚戚焉，因為老師逼他們思考自己需要什麼，大一就產生豐沛的學習動能；反觀臺灣，大一常是玩得最瘋的一年。學生F說：「大一主要工作是對『青春的報復』——以前什麼都不行，但突然限制不見了，一定要好好談戀愛、睡大覺，『任性地活』。」

但是並非世上的大學生都敢這樣任性地活。一位在臺交換半年的英國大學生，離臺前，很不可思議地對我說：「很多臺灣同學好像不知道自己需要什麼，對課業興趣不高，對未來的工作也很少思考。」

如同學生M形容的：「大家中學時代的讀書動機是隔天的小考，但升上大學後，小考不見了，加上外在活動多，很少人會在大一努力學習。往往出社會後，才發覺自己的能力達不到職場的需求。」難怪根據一一一人力銀行調查，二〇一六年受訪企業新鮮人接受度，較二〇一五年少了十九個百分點。他們就像海明威小說形容的「被遺忘的一代」（Lost Generation）。

學生L很恐懼自己被職場遺忘。L大傳系畢業，大三曾到知名廣播公司實習。去年甫退役，在成功嶺新訓時還因勤奮、態度好，被擢升占排長缺。L決定以AE（廣告業務）或Copy Writer（廣告文案）為未來的工作目標，但他投了二十幾份履歷，卻換不回一張聘書。

「他們要的是有兩年以上經驗的『即戰力』文案，不然就是要累積足夠的作品。面試官說現在不景氣，企業都苦哈哈，很難有餘力培訓新人。」L很感慨：「我很後悔兩年前沒聽老師的話，開始練習文案。」

這幾年為了指導學生，從零開始學習微電影拍攝及編劇，最後累積一點能力，與一金鐘獎導演合作，擔任編劇工作，因此認識製片公司老闆，我便代為詢問是否可錄用L。

「會3ds Max、Premiere、After effects或Sony Vegas嗎？」

「我不會，但我很想學。」

L表達了他的決心，但老闆最後還是沒找L。可能是因為這家公司已擁有精通攝影、後製、企畫和公家標案的Ren。Ren一樣才二十多歲，不過學生時代就一直在這家公司學習，現在已是獨當一面的大將。

L知道出發慢的痛點，因此要我轉達給學弟妹一句話：「大三才做職業試探可能太遲了，若可能，大一就開始吧！」

學生徐韜真的大一就開始他的職業試探之路。

二〇一六年底辦理中臺灣模聯會議時，認識大四生徐韜，深談後才知道他高中階段曾參與日本三一一地震募款，慢慢探索出自己的學習需要。大一時思考解決臺北一〇一跨年後的垃圾問題，便與同學創辦「笑擁青年聯盟」，號召兩千名大學生志工，在跨年晚會後撿拾垃圾。

活動後，提升志工報到以及跨ＮＧＯ的合作效率，成為他學習的中心。最後他索性休學一年，寫企畫，向業界簡報，成立「微樂志工平臺」，與兩百零八間非營利組織合作、媒合超過兩千位志工，復學後還將平臺捐出。因為了解自己需求，徐韜還沒從大學畢業，但已擺脫既有教育框架，擁有創業經驗以及領導管理的能力。

徐韜的大學歷程，很像美國史丹佛大學在二〇一四年提出了「史丹佛二〇二五」想像藍圖。史丹佛大學期待學生自我介紹時，不再拘泥於某一科系，而是

「我想解決世界上某一問題，因此我正在修習那些課程。」這種有意義的學習（purpose learning）打破線性的學年路徑，儘管進度走得慢，卻能得到像徐韜這般的快速成長。而這「快速成長」的關鍵，就在於學生必須先找到「想解決的現世問題」，才會知道「需要學什麼」。

其實臺灣十二年國教課程的「一生一課表」與「史丹佛二〇二五」想像藍圖異曲而同工。兩者都是為了因應十倍數時代的挑戰；都是注重學生差異化的學習歷程。十二年國教課程核心集中在「自主行動」、「溝通互動」及「社會參與」等三大面向，為了要教出活用的素養，高中學科的必修時數必須下降，全新的選修課學分將占三分之一，還要跨科學習，更貼近生活，以啟動每個學生的自我探索動機，達到「適性揚才」的目標。

但許多老師批評新課綱是騙人的：「臺灣的頂尖大學招生，主要還是看考科成績。不教考科，亂搞一些『花俏沒用』的課程，壓縮學生準備考科的時間，只會讓學校升學績效愈來愈差。如果『奉公守法』搞多元和特色的學校是對的，為什麼這幾年升學導向的私中還是會爆滿？」這些批評完全正確，因為頂大不用配合十二年國教的目標，就能靠聯考制度收到每年獲得高分的學生——不妨看看這樣的制度正如何糟蹋一個國家和一個世代的前進動能？

比較一下二〇一五年世界上的二十歲淨在學率：美國百分之五十一．八，德國百分之二十六．三，而臺灣是百分之七十三，世界第一。一個國家超過七成的學生都上大學，上一樣的課程，考一樣的試，念一樣的科系，搞得文憑失去價值，搞得大家找不到工作、工作也找不到人來做，搞得國家競爭力江河日落，難道教師們不應重新調整自己的教與學嗎？

臺灣大部分老師的背景都是from school to school，缺乏業界的經驗，「自主行動」與「社會參與」對他們來說都是陌生的。如果老師們不再滿足於只當一名經師，願意像普度大學的生涯導師一樣，和學生一起探索世界，主動了解職場的現況與需求，當作補充經驗值也就夠了，這樣一定能設計出滿足「學用合一」的新課程。

一〇七新課綱的實施已箭在弦上，我們開出的新課程可以掛羊頭賣狗肉，讓新瓶繼續裝舊酒。例如國文課改名為成「小說賞析」或「現代詩賞析」，內容仍是完全的學術導向，缺乏應用的邏輯。賞析完了，學生還是創作不出職場需求孔急的原創故事與文案；我們也可以花時間去學習與設計，成為真正的業師，開出像「從唐傳奇與韓劇學編劇」或是「現代詩如何活成文案」等學生有興趣又受用的素養課程。

在翻轉的年代，學生和老師都應該認真思考社會需要什麼？自己需要做什麼改變才能幫自己、幫這個國家在世界的賽場上勝出？套句大聯盟投手陳偉殷的話：「你不夠了解自己需要什麼，沒人會幫你，當你對自我需求迷惑時，就出局了！」

臺灣需要學思達／share start

現在的教育不缺知識學習，但是缺乏擷取、應用、統整、思辨、追尋答案並提出問題的能力。

「我也一直這樣認為，但淑渟為何那麼肯定呢？」

「我的女兒念中山女高，是輝誠老師的學生，她以前國文超爛，但跟著輝誠老師學習兩年之後，語言能力進步很多，閱讀量也變大了。女兒以前只讀教科書，但現在都會自己找書來看。」

「因為輝誠老師製作的是問題導向的講義，學生必須在家先自『學』、『思』考、分析、歸納，隔天才有辦法小組討論，以及在表『達』的競賽中勝出。」

「沒錯！沒錯！所以我女兒說上輝誠老師的課非常『燒腦』。」

「『燒腦』，哈，這詞好，這代表主管智能的大腦前葉血流旺盛，增生許多神經元和大腦突觸，這種新神經網路的連結，就是真正的學習，學生會變聰明喔！就像《閱讀理解》創辦人黃國珍說的，現在的教育不缺知識學習，但是缺乏從閱讀中培養擷取、應用、統整、思辨、追尋答案並提出問題的能力。學思達就是為了帶出這個能力。」

「傳統的教學方式不行嗎？」

「比較難！」我不禁皺起眉頭：「像我常常唱作俱佳，以為自己講得很精采，結果學生眼皮愈來愈重，問那些清醒的，也是似懂非懂。但輝誠老師丟問題讓學生去想、去講、比賽，答對還敲鑼，學生當然會愈講愈有精神。」

「但學生講的，不見得是對的啊？」

「這就是臺灣教育的問題所在。大家一直靠死背、背公式、追求『對』的答案，卻忘了思考的過程才是學習的核心，因此學生被犯錯的恐懼制約，害怕表達，所以小學生上課時不敢舉手，高中生就像一群啞巴，套句輝誠老師說的：『老師把學生變殘障了。』其實我在美國、英國和澳洲的教室，看到他們上課踴躍討論，老師不提供唯一的答案，學生的意見太離譜，老師也不會羞辱學生，還會讚美學生勇於發言，學生在這種『安全』的環境中，會變得比較敢思考及表達。總而言之，如輝誠老師說的，要讓學生成為學習的主角。好奇心和思考，才是學生學習的最佳動力，如果『答案』是由學生自行『想』出來、『討論』出來與『發表』出來的，學生幾乎不需要背誦，就能輕易記住答案。」

「難怪我女兒在家不怎麼看國文課本，月考就可以考很高分。但還有一個問題，如果有人不願意上臺，那不是很窘，會讓全組競賽扣分。」

「哈哈，這就是輝誠老師最厲害的地方。派出最不敢講同學，會讓那一組得到最高分數。其實大部分的臺灣學生都畏懼上臺，所以任何班級一開始推學思達一定不容易。例如我在學校辦過『讀報王比賽』，發覺學生不僅會怯場，而且冗詞贅字一堆，抓不到重點及邏輯。但輝誠老師很有耐心，他發覺透過引導、同學示範，就能漸入佳境，往往不到一個月，學生就不害怕上臺，上了臺也都能侃侃而談。」

「這真的超讚，因為這是個表達的時代，不會表達不僅記不住東西，而且也不會被世界看見。但我仍有一個問題，若一個班級的學生程度參差不齊，那要怎麼討論呢？」

「其實這是全世界課堂都會面對的問題。像我是學習語言的，我最信服的就是史蒂芬・克拉申（Stephen Krashen）的「i＋1」理論，也就是說，假設學習者目前的水平為i，又假設1為適當的挑戰難度，那教學者應給予的難度即應是「i＋1」，但是每一個學生的i都不一樣，所以不管老師用什麼難度的教材，一定有學生覺得太難，也一定有學生覺得太簡單，但學思達真的可以解決這個問題。例如有一次我到德州奧斯汀的教室觀課，看到他們用類似臺灣學思達的精神上課，我看到全班學生一起討論雨果的《悲慘世界》，但每一個學生手上的《悲慘世界》都不一樣，原來這本書在圖書館有三個版本，每個學生可選擇自己單字程度的版本，最後都能一起討論。最重要的是，學思達有『合作學習』的精神，高學習成就的學生可藉由教低成就的同學，因而教學相長，低成就的學生也可因而被帶上去。」

「你和輝誠老師都教文科，學思達也適用於理科嗎？」

「我相信也適用。有一位中港高中教數學的彭甫堅老師，發起一個教師社群，叫『數學咖啡館』，雖然不屬於學思達社群，但他們透過異質分組『學習，組內共同『思』考解題，讓表『達』能力強的學生擔任組長，事先預習數學課程，協助同儕學習。『數學咖啡館』現在已是成員八千多人的社群，和學思達一樣，用思考式、體驗式、討論式的學習，讓死氣沉沉的教室動起來，不再讓學生『從學習中逃走』。」

「哇！這些老師都好棒。我覺得家長也需要學思達！」

「真的，胡適博士說發表是吸收的利器，學習金字塔也說，經過討論與發表，比單獨聽講可多五倍的學習；如果教別人，效果可強到十倍，所以家長如果可以在孩子讀完一本書或看完一齣戲後，問他：『你好厲害，讀完了，可以教我這本書的內容嗎？或是，可以告訴我這齣戲在說什麼嗎？』若孩子被鼓勵後願意講，或父母用問題引導思考，孩子一定會變成最強的學習者。」

「蔡老師在學校與家中也用學思達嗎？」

「說來慚愧，班上還在實驗，因為一個班四十幾個人，有人用英文討論會很害怕，但我帶的社團『模擬聯合國社』就是真正的學思達精神，社員為了討論議題，閱讀量變大，口語與邏輯很快就超越同儕。其實因學思達受益最大的，是我女兒。女兒在校成績中段，但高中前我會請她每週用英文敘述一本書或一部電影，結果她向我抱怨說，看完電影後都很痛苦，必須再思考一遍，要如何用英文在五分鐘內介紹一遍。但這個習慣在參加金手獎時很有用，因為金手獎比的是閱讀後的英文簡報及英文作文，都是思考及表達。她運氣很好，因此保送全國第一志願。」

「蔡老師的女兒為了表達，和我女兒一樣要『燒腦』，但證明學習的成效超好，我們應該多分享學思達，讓師長上對下的教育轉過來。」

「淑淳，你說得對，真的要靠『分享』來『翻轉』整個臺灣的知識傳承。根據『知識管理架構』的理論KM＝（P＋K）S。KM是knowledge management（知識管理），P是people（知識運載者），K是knowledge（知識），而最重要的S，就是share（分享）。只有靠分享來表達，學習者的知識才會有根深柢固的架構。」

「我聽說輝誠老師暱稱學思達叫share start？」

「share start？好棒的稱呼！也對，源自於share，臺灣還有許多場域都需要start！」

第3章

做了就知道

「動態」的休息——阿蒙的週末

創造一件作品時，會很放鬆、很快樂，精神反而更好。你說，這不是休息嗎？

休息不是什麼都不做，休息可能是第二人生的開始。

二〇一三年某個冬日週末，麻州的Newburyport鄉間，Eric在車庫刨削、裁切、鑿木，早上喝一半的咖啡被晾在一旁。

「你好辛苦喔，平日要教學，週末還要工作。」

「不辛苦！」Eric對我眨眨眼，手裡的第四根桌腳正完美上榫，一張雕花的木桌即將大功告成。「這是我最大的休息。」

「休息？休息不是『不做事』（doing nothing）嗎？」

「不，不，休息並不是什麼都不做。我做木工時會忘記時間，忘了煩惱。創造一件作品時，會很放鬆、很快樂，精神反而更好。你說，這不是休息嗎？」

Eric的話像那日湖面上的冬陽，停在時間裡不動，讓我的心像湖面下湧動的伏流，不斷撞擊上面的冰層：「會忘記時間的事？Eric講的不正是我年輕時的寫作嗎？但我上班那麼累，週末只想耍廢，我真的能再度走入寫作，如同Eric一般，在創造中放鬆、忘了煩惱嗎？」

接替Eric接待我的是Jason，他更誇張，週末的休息是在社區劇場排戲。回國的班機上，我心裡的冰層被撞開了。我望著窗外湛藍的太平洋，暗自期許：「這冰層下的伏流，有一天要流入大海。」

我開始不一樣的「休息」了。

上班日我會記錄對生活的疑問、精采對話和閱讀心得；在週末打開電腦，用文字調派這些即將被流光淹漫的吉光片羽。即使與家人到外地度假時一樣帶著電腦，一樣做「動態」的休息。只是在長帙將成、從文字中走出來時，抬起頭會見到不一樣的風光——可能是東海岸的迤邐白浪，可能是太太看飯店電視時發出的呵呵笑聲。我知道，這是大放鬆，這是真正的休息，而這種用文字穿越時空的旅行，隱隱約約，恍恍惚惚，召喚著生命裡更迢遙的旅行。

那年十月，出版社將我發表在網路上的「週末旅行」集結為《一萬小時的工程：隱形的天才》。我以為這只是幸運，人生大概就僅止於這一本書吧？但因為「週末休息」的方式不變，竟然兩年半內，積累到了第四本書。

「蔡老師不是很平凡嗎？為什麼外面那麼多人認識他？」聽到同事的疑問，自己也會心一笑。知道自己仍然很平凡，但因為「週末休息」的方式真的「不平凡」，我知道自己會抵達他們無法想像的不平凡。

就像在一千八百年前，為江東效力、籌略奇至的魯肅，不放心讓出身武夫、少不讀書的呂蒙來對抗關羽，於是前往帳中探視。等到魯肅聽到呂蒙的五條祕策後，大為驚佩，不禁從自己的位子站起來，走到呂蒙身邊、摸著他的背說：「吾謂大弟但有武略耳，至於今者，學識英博，非復吳下阿蒙。」呂蒙的回答：「士別三日，刮目相看」和「吳下阿蒙」一樣，都成了千古名句。

呂蒙之所以能與周瑜、魯肅、陸遜等被後世視為「東吳四大都督」，乃因受孫權鼓勵後發憤學習，終於豁然開通，自此今非昔比，甚至文韜武略俱足的關羽，都因呂蒙「白衣渡江」奇襲，因而大意失荊州，命喪麥城。

孫權曾訓斥過因推託繁忙而不讀書的呂蒙，也在呂蒙改變後，將呂蒙比喻為勝過百隻凶猛鷙鳥的大鶚（鷙鳥累百，不如一鶚）。我也曾經是不堪重負的「吳下阿蒙」，有二十年的時間，我一樣用「事務繁忙」來推託、來忘記那一件「會讓我忘記時間的休息」。但現在每個週末，我會習慣性地在客廳、在山陬、在海濱打開我的電腦，來場文字的旅行。那是我週末的狂歡，帶來真正放鬆的休息，也是可以從鶩鳥進化為大鶚的——「阿蒙的週末」。

零時閱讀

不管國小、國中多努力推廣閱讀，到高中時，學生的閱讀習慣整個被高中的升學壓力摧毀掉！或許「零時閱讀」是一個該養成的習慣。

「採訪前怎麼可以不先看完受訪者的書，你不知道這是基本禮貌嗎？」

「老師，我知道，」校刊社的學生有藉口：「但我真的沒時間讀書啊！」

我知道典型臺灣中學生的忙碌：六點多起床，七點半到校晨考（或是參加升旗，晒一個早上的太陽），緊接著連續八節課的疲勞轟炸；放學後也沒有喘息的時間，因為不是留校晚讀，衝補習班，就是在家準備隔天的考試到凌晨。

「但再怎麼忙，你還是會有閱讀的時間。」我還是很堅持。

「蛤？老師，哪來的時間？」

「用零碎時間來『零時閱讀』。」

「零時閱讀？」

「宋代歐陽修以為讀書最佳時間為「枕上、馬上、廁上」，指的就是善於利用零碎時間來『零時閱讀』。像彰化鹿鳴國中楊志朗老師，就在班上實施『零時閱讀』。」

「楊老師怎麼做？」

「例如上課鐘響後，老師走到教室前的三到五分鐘，可以讀完一篇散文，中午打餐排隊時，可以讀完報紙的一版，有些學生中餐時還一邊吃一邊看，就把整份報紙讀完。另外楊老師規定他們每天晚上都要寫閱讀心得。」

「他們這樣不利消化耶！而且哪有時間準備小考？」

「嘿嘿，你問得好，他們班小考可能考得不怎麼樣，但大考時，一半以上考上第一志願，因為現在的國中會考很活，若沒從課外閱讀得到養分，很難解題。」

「我們念高中，考學測，應該不需要讀那麼多課外書吧？」

「唉，臺灣大部分的學生就是像你這樣『功利』思考，整個國家的『閱讀力』才一直走下坡。」

「還好吧？我們也會讀網路上的新聞和文章啊。」

「比起報紙和書本，網路上訊息相形瑣碎，並不能完全替代訊息較嚴謹的紙本。」我攤開去年的雜誌給他看：「但很可惜，根據《遠見》二〇一四年全民閱讀調查結果，國人每月平均閱讀量，從二〇一〇年一個月的二‧〇二本，掉到二〇一四年的一‧七本。而每週閱讀時間下降最多的，竟是十八到十九歲的族群，從二〇一〇年的四‧〇八小時，直線下滑到二〇一四年的二‧六六小時。」

「十八至十九歲？不就是大一、大二的年紀嗎？」

「是啊，也就是說不管國小、國中多努力推廣閱讀，到高中時，學生的閱讀習慣整個被高中的升學壓力摧毀掉，當高中生被制約為『閱讀＝考試』時，一到考試壓力少的大學，學生就不閱讀了，或是說，只讀大學的課本，成了嚴重的知識偏食者。」

「這很嚴重嗎？」

「當然嚴重，因為閱讀量不夠廣泛者，會有『知識障』，會失去和其他學門溝通的能力，不僅容易產生情緒與偏見，人云亦云，而且溝通與創新的能力也會弱化。」

「老師講的好像今日的臺灣啊。」

「是啊，這就是我擔心的地方，就像我有一次在溫哥華搭公車，公車在Stanely Park故障時，乘客魚貫下車，不分老少，大家從包包拿出自己的書本閱讀，安靜地等下一班車，我真的被嚇到，了解到一個國家的理性和競爭力原來是這樣來的。」

「老師，我好像慢慢了解你的重點了，難怪你的包包裡隨時有一本雜誌和一本書。上次在家樂福，看到你搭手扶梯時，還在看《天下雜誌》，真的很扯。」

「不扯，閱讀真的很快樂，翻開書，五秒內就進入了一個全新的世界，一本書可能是一個人一生思想的精華，一本《天下》或一本《商周》，都是幾十個臺灣精英花幾千個小時的心血寫成，但我們只要花幾個小時就能吸收，世界上還有比這更划算的事嗎？難怪方文山曾說『閱讀是世界最好的投資』。」

「老師，我終於懂你為什麼兼行政，教兩門課，指導五個社團，還能寫四個專欄，兩年出三本書，原來這都和你『零時閱讀』的習慣有關，我想，以後我不會再以『沒時間』當藉口不閱讀了。」

「太好了，那以後你也可以和我一樣，一個月至少看六本書和十本雜誌。」

「老師，別開玩笑了，一個月一本書就很厲害了好不好……」

超越文字連結的依附

愛一塊土地，怎可以不去探索地底的伏流？愛一個人，怎可以不走進他跌宕的一生？

那天早上，收到學生三篇題目不一樣的作品：〈爺爺〉、〈阿公〉與〈祖父〉。裡頭有滿紙的愛與懷念，卻找不到一個有血有肉的長者，儘管祖父母曾走進孩子們的人生，孩子們卻未曾真正走進他們的。我深深嘆一口氣。每次請學生自由創作，交過來的作品有一半是寫祖父母，而且大半都過世了。學生們除了記得祖父母的付出，很少能刻畫祖父母一生的細節樣貌。他們往往忽略了，在時光的長卷中，雞皮鶴髮不是祖父母唯一的定影，祖父母不是命定該繁花落盡後，化為子孫養分的春泥。他們也曾天真童騃，也曾心比天高。他們的鎏光歲月，不啻是一部血淚飽滿的庶民史。這部與學生血脈攸關的庶民史，今天我決定用寫作，陪他們走一次。

「妳說妳像爺爺，是哪裡像？」看著學生C的作品〈爺爺〉，像看霧中的模糊身影，我思索著要如何為她撥開層層的迷霧。

C支支吾吾：「都像吧？」

「都像？語言重精確，是個性像還是外表像？」

「個性有一點像。」

「個性像，是外向活潑？還是內向害羞？」我的「引導式寫作」有一點像「逼供」，常常讓學生難以招架。

「都……都……不擅長表達情緒，但我知道爺爺很愛我。」

「怎麼知道爺爺很愛妳？能說一些具體的細節嗎？」

「媽媽告訴我，在所有孫子、孫女裡，爺爺最疼我；我也常聽爸爸說爺爺是標準『冰山臉』，但他看我時，冰山就融化了。」

「為什麼是媽媽說、爸爸說，卻沒有爺爺說呢？」

「因為……因為……當我十歲時，六十八歲的爺爺過世了，我不記得他說過什麼話。」

不僅祖父母可能在學生童年時就過世，今日的升學考試也是切斷人間依附的利刃，排擠親人互動的時間。我們的學生可以牢記歷代帝王史，卻輕視自己血脈的篇章。學生總喜歡在文末加上一句「祖父／祖母，我愛你。」那種愛太廉價，我很懷疑。愛一塊土地，可以不去探索地底的伏流？愛一個人，可以不走進他跌宕的一生嗎？

我有點抗議地問C：「妳懂妳祖父嗎？」

「不是很懂，因為祖父從韓國來臺灣，從不講他的過去。」

「妳祖父是韓國人？」

「是的，他隻身來臺，在臺灣沒有任何親戚。」

「他身上有沒有韓國人的特徵，而妳身上也有的？」

「有，我們的眉毛都是粗粗的平眉。」

「平眉？」

上網輸入「平眉」，發現明星宋慧喬、全智賢都是平眉。

「可以用平眉為題，來寫妳祖父嗎？」

「老師，我不是很懂。」

「就是意象書寫。用象來講意，會產生詩意及美感，且因具象、有畫面感、會讓讀者更容易理解。」

「用平眉的『形象』寫祖父對我的『深意』？」

「是啊，你們兩個不擅長表達情緒的人，如何用平眉來表達彼此的愛？」

C隔天交來作品〈平眉〉：「爺爺臉部線條看似『平』淡，但『眉』毛永遠會說話……他很高，腿很長，跨出的步伐是我的三倍長。我堅持自己走，他就露出微微上揚的眉毛，慢慢地陪我走……他生氣時會揪起一個川字眉；開心時裂嘴笑，眉毛像在空中飄揚……」在意象中，多了好多感人的小細節。

T的阿公是一個西裝師傅，將製作西裝視為一生尊嚴所繫，而T只用了「認真負責」來白描他的阿公。還好T的阿公尚在人間，我也與T到西裝店，要他多和阿公聊些「動人的細節」。T發現阿公會為每一件西裝「加芯」，便寫成了作品〈加芯〉：「芯是一片片薄薄的棉布，在領子與口袋上加芯，西裝變挺變好看，也更能將一個人的氣場撐起來……阿公再怎麼勞累，永遠不忘為他的西裝『加芯』，我看見的是阿公對自己職業的『加心』，為自己的尊嚴『加心』……阿公加的『心』撐起一個家，撐起一個職業，最重要的，撐起直挺挺的人……」

寫〈祖父〉的P也花了一週，與天天澆花的祖父深聊，一起走到祖父年輕時的後花園，找到許多珍貴的花語枝節，寫下了〈一葉蘭〉：「爺爺曾是魚市稱霸一方的大盤商，因誤信損友，畢生心血盡沉大海……爺爺從開名車，到替人看管名車，最後選擇當大樓管理員直到退休。他常在小花園裡澆花時，看著一家人聚在一起，露出滿足的微笑。……爺爺說，有些植物擁有好多葉子，卻開不了花，但一葉蘭，單憑一葉，也能滋養最美麗的蘭花，你看，一瓣、兩瓣、三瓣……我似乎懂了爺爺要說什麼，曾經擁有一片財富森林的爺爺，現在僅剩孑然一葉，卻能夠滋養他生命中最重要的花朵，那些世間最愛他的親人，一瓣、兩瓣、三瓣……」

P的爺爺喜歡家人情感的連結，連結的英文叫attachment，在社會心理學被翻譯為「依附」，我非常喜歡這個翻譯。在忙碌的工商社會，雙薪家庭常將幼兒託付給祖父母，等到達學齡，再接到都市裡就學；孩子投入沒日沒夜的升學競爭，慢慢遺忘有一雙手曾為他把屎把尿，待孩子一天天變高變壯，那一雙手卻也慢慢頹下。

爾後更因升學考試、假期的交通阻塞，小孩會找盡藉口不想親近長輩。就算那雙手近在咫尺，也常常視而不見，因為有更吸引人的手機在眼前。

最近一位長者深深喟嘆，他最愛的孫子從國外回來，卻連一通報平安的電話都沒有，就又飛出去了。我聽到的是，長者心裡仍深深「依附」著孫子，但孫子卻早在棲惶的生活中（或心中），斷了那條「依附的線」。往往那條線被重新接上時，是在不可逆的告別式，或是一篇篇名為〈阿公〉、〈阿嬤〉，或是〈祖父〉、〈祖母〉的悼念文中。

學生的三篇文章最後都得到了當年的臺中文學獎，〈一葉蘭〉和〈加芯〉甚至得到了首獎與第二名。他們平淡無奇的文章因為多了生命的細節，成了有溫度的動人佳作。

我們是否可以重新省視今日作文的學習？為了一年一度的會考、學測作文，學生拚命練習課堂寫作，甚至花錢補習，但二十多年來，我卻發現學生的文章江河日下，不是缺乏起承轉合，而是少了靈魂的依附。

文學是人學，所有的教育都是為了回到人的根本，所以別忘了提醒孩子人的來處。有空帶孩子與長輩聊聊，一起撿拾他們即將被歲月大風吹散的身世。那身世有光、有影、有對孩子初生時的滿眼深情。

那深情是讓我們直立為人的關節，是天地文章起承轉合的連結，也是世世代代穿越生死的依附。

用4C征服企業實習戰場

這些我主動求來的新連結，由弱而強，終於密不可分，紮紮實實連成今天幸福的血脈。

「老師好，我是東吳大學的C。」

我握了手，順便打量一下眼前這個陌生人。老實說，這個有點暴牙的大學生給我的第一印象，如同以前廣告公司AE送我的形容詞——「賣相不夠好」。

「老師，C今天會來跟通告，過程非常神奇。」感覺企畫很認同C。

「如何神奇法？」我很好奇。

「我跑到臺大聽出版社社長的演講，演講完後，我針對演講內容問了一個問題，」C吸一口大氣：「我大膽請社長惠賜一張名片，還詢問企業實習的可能。」

「結果你就來了！」

「沒那麼快，之後出版社聯絡我，說寒假沒缺，所以這個暑假一有缺，我就來了。」

企畫繼續補述C的奇幻之旅：「今天早上，當我和主編談老師您的行程時，C在一旁聽到，馬上詢問他是否可以跟。」

感覺這個相貌平凡的大學生內在比外表還要巨大，而且他的「主動積極」剛好與我的新書主題契合。「待會兒敢不敢與我一起受訪？」我想測測他的能耐。

「可以，但請問要說什麼？」

「別擔心，我會cue你。」

之後的四場通告，C無役不與，而且一場講得比一場好，連中廣知名主持人夏韻芬在錄完音後，都不禁讚嘆：「他怎麼口條那麼好？都不會緊張。」

晚上回到臺中後，C透過電子郵件寫了封感謝信給我，並表達對我未來計畫的興趣。過幾天C又寄來他模擬崇禎二年編的明朝報紙，而我心中已有底，若以後幫得上忙，我不會拒絕C。神奇的是我和C僅是萍水相逢，但我已成為他的「人脈」之一，C到底具備什麼特殊能力？

其實C的特別處就是做到將「弱連結」轉化為「強連結」的4C：

1 創造機會（Create Opportunity）
2 主動連結（Connect Actively）
3 勇於挑戰（Challenge Bravely）
4 維持連結（Continue Contact）

C到陌生環境聽演講是「創造機會」，發問提需求是「主動連結」，進入錄音室是「勇於挑戰」，事後與我主動聯繫則是「維持連結」。能做到前兩點，不簡單；能做到第三點，靠的是平常的準備及過人的信心；至於第四點就要為人真誠，因為任何人際關係進入牢固期前，都一定有段觀察期，沒有誠意的人，馬上會被看穿是消費對方。

事實上，任何與人互動的工作，尤其是負責邀約時，都是找到生命中貴人、將「弱連結」轉化為「強連結」的好機會。例如我在貿易公司任職時，主動加入公司的廣告企畫小組，因而認識廣告公司的AE，最後我向她毛遂自薦，成為廣告

公司的文案，學到了夢寐以求的行銷能力。

進入學校後，我主動提出講座的企畫，結果從一百多場的講者中，找到了學習寫作的恩師以及一生的知己，這些我主動求來的新連結，由弱而強，終於密不可分，紮紮實實連成今天幸福的血脈。

可惜的是，許多人並不善用這些人際脈絡。

在這兩年間不下三十場的媒體受訪中，發覺有過半的從業人員未做足功課，甚至有一位電臺主持人，沒看我的書卻以此為主題；整段訪問過程，主持人像嗑了藥不知所云，神遊太虛，我隱忍怒氣。訪談結束後，我和企畫兩人面面相覷。

「在社會浪頭的位置上，他竟然不知善用，如此自毀長城！」我不禁對這個小我十多歲、還未能頭角崢嶸的主持人發出嘆息。所有訪談人中，最用功的竟然是已家喻戶曉的主持人夏韻芬。她訪談時，桌上擺滿密密麻麻的筆記，還在我的書中夾滿便利貼。

「已經功成名就了，妳為何比別人都用心？」我很好奇。

「我熱愛我的工作，而且這代表我對來賓的尊重。」

一個強者如此積極經營她的弱連結，難怪她能長保令名於不墜。夏小姐的珍惜羽翼，讓我聯想到一位地方記者朋友Y。Y待人謙和，做事有品質，結果在報社縮編裁員後，馬上被以前採訪過的大企業聘為新聞主管。Y過去的弱連結，成了他人生後半場的強連結。

其實人生就是一場強弱連結的互轉過程。在每個人臉書和推特動不動就有幾千個弱連結的今日，我們能輕易創造機會並主動連結。但我們都知道，兩物體頻率相同才能發生共鳴，若我們不努力調整到對的頻寬，再怎麼勇敢，都不可能與強者產生強連結。

最後我想提到一位和我同齡、而且頻率極相近的音樂老師L，她去年剛過世。L告訴我，她不害怕死亡；她害怕的是，當離開世界後，無法留給世人善的連結。她說：「與我愛的人的所有連結，就是我生命的全部。」

L往生後，她的學生不斷在她的臉書上留下「我絕不會忘記妳」的話語。L教會我們，4C中的最後一個C，Continue Contact，原來就能連結我們最渴望的那個C——Completeness，完整——那是跨越幽冥，死神都砍不斷的連結！

阿漢的十二封信——用品牌教品格吧！

像我，關進去、放出來，又關進去，一關十幾年，眼睛老花了還在牢裡蹲。

要救這個社會，只有靠教育了！

「蔡老師，你們學校這期校刊做得真好，你是怎麼帶這批學生的？」一樣指導校刊社的K老師很好奇。

「我用『品牌』來要求！」

「『品牌』？那不是商業用語？」

「雖然是商業用語，但覺得比『品格』兩個字具體、好用多了。」

「怎麼說？」

「『品牌』包含『品質』、『品味』和『品格』，所以學生稿件的品質不好時，我會說：『你要去觀摩，提高自己的品味，才能創造自己的品牌。』當學生拖稿時，我會說：『你言而無信，已經破壞了自己的品牌，再拖一次，你的品牌就失去價值了。』」

「這樣學生聽得懂嗎？」

「聽得懂！因為我會舉很多實例，例如臺灣二〇一二年服務業占總就業人數比例為百分之五十八・七，但服務業仍成為臺灣『窮忙族』，因為他們販賣的商品大同小異。只有擁有『個人品牌』的人，有了差異化，就不用進入價格戰的紅海。還有，業界朋友缺人時，也會希望我介紹有『個人品牌』的學生。」

「呵呵，原來蔡老師誘之以利。」

「不只這樣，我還要動之以情、說之以理、畏之以懼。」

「蔡老師嚇學生？」

「當然，人只有透過眼睛黑色的部分才能看見光，要讓下一代趨光、向光，就要讓他們聽『負面品牌故事』，有情節、有過程的故事，最能幫學生內化價值。」

「用哪些故事？」

「用我的獄中筆友和高中死黨的真實故事。」

那位筆友叫阿漢，這半年我們已通了十二封信。第一封信中，阿漢如此介紹自己：「凶名在外，軍火充足，與警方駁火時，開槍不手軟的槍擊要犯。」最近一封信中，他寫道：「我朋友吸收的詐騙成員竟然都是大學生，其中還有兩個是法律系。我朋友問他們，要畢業後才進公司、還是休學去廣州？他們竟然都選擇休學，和我朋友到廣州設立機房。」

會認識阿漢，源於我替高中死黨新書寫的序。

死黨北元曾是知名律師，多年前因案入獄，服刑近八年後假釋出獄。出來後幡然悔悟，因為他了解出賣靈魂的代價，所以將心路歷程整理成兩本書，還不斷回到獄中，用自己的故事當教材，勸導受刑人洗心革面。

「我曾是個月入百萬的『名牌』保險法律師，但犯了錯，被拔掉律師『牌照』，一生差點毀了。」北元書中充滿懺悔與警世諍言，所以內政部矯正署買了五百本北元的書，送到獄中。

仍在服刑的阿漢讀到我寫的序〈到地獄救人去〉：「更生人因為『壞過』，更能現身說法……曾經撞過地底的石頭，其實都是強度最夠、最能引導年輕人的拳頭！」阿漢心有戚戚，似乎看見了未來的使命，呼應我：「讓我隨你和北元一起到地獄救人吧！現在如果有年輕人要跟我混，我都會告知他們，現今的社會不適合兄弟。以前我賣槍、搞筒子場，都沒有好下場，目前我只想平凡過日子，重新建立後半輩子的『品牌』，賺辛苦錢，才存得住。」

北元和阿漢不斷地提到「品牌」二字，因為他們知道，虛無飄渺的品格教育，很難吸引短視近利的現代人，如北元所言：「五年前在監獄工廠，吸毒犯不到三分之一，但一年前已增加到二分之一強。」但令北元更擔心的是不斷增加的青年詐欺犯。上個月北元對一群未成年的受刑人演講，其中大多數已被詐騙集團吸收。

一位警官朋友說出更驚人的事實：「二〇〇五年至二〇一四年之間，臺灣破獲詐騙嫌犯超過二十萬人，從國外押解回國的詐欺犯近六千人，如果換算犯罪黑數，臺灣目前約有十萬人從事詐騙。由於臺灣有很多電腦以及通信方面的『人才』，加上臺灣詐欺刑責較輕，因此愈來愈多年輕人加入『低風險高獲益』的詐騙行業。」

「你能相信嗎？」最近聚會時，北元難過地搖搖頭：「那次演講中，最年輕的受刑人竟是個國中生，他擔任詐騙集團的車手。演講後他抱著我一直哭、一直哭！」

即將半百的阿漢悔不當初：「當一個年輕人習慣一個月花五萬、十萬的不義之財，你要他們關出去後，再從一個月兩、三萬做起，他們怎麼『屈ㄟ落去』？本以為只是一次冒險，結果常是整個人生觀、價值觀『壞壞去』！像我，關進去、放出來，又關進去，一關十幾年，眼睛老花了還在牢裡蹲……淇華老師，要救這個社會，只有靠教育了！」

靠教育？有用嗎？哪個學校沒推品格教育？若有用，為何菸毒犯及詐欺犯會愈來愈多？我們還有什麼更強大的武器可以作戰呢？

如北元和阿漢所言，要靠教育！靠品牌教育！

在物欲橫流的年代，誰能不面對誘惑？誰能果決拒絕誘惑？絕對是有品牌意識的人！因為品牌建立不易，若不珍惜，一夕間就崩塌了。如同我們願意付更高的價格買有品牌的嬰兒奶粉，而不敢花少少的錢去買來路不明的奶粉餵養下一代——品牌是信任、品牌是價值、品牌是高獲利。建立品牌需要時間，無法走捷徑快速獲利，但累積夠了、堅持久了，就會得到信任，得到口碑，得到「一生的品牌」。

面對毒品、面對詐騙、面對一個世代的沉淪，整個國家像打敗仗的軍隊，我們真的需更符合時代的戰術，不妨開始用品牌教品格，用品牌的操作型定義帶領學生思辨，幫助他們「年輕時建立品牌，老時靠品牌」，帶來一生更大的獲利！

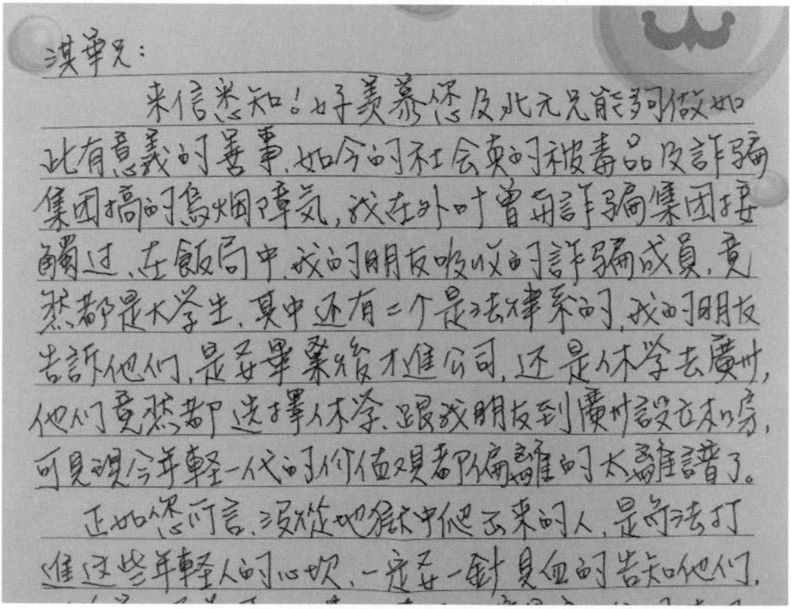

漢華兄：

來信悉知！好羨慕您及兆元兄能夠做如此有意義的善事。如今的社会真的被毒品及詐騙集团搞的烏烟瘴气，我在外时曾与詐騙集团接觸过，在飯局中，我的朋友吸收的詐騙成員，竟然都是大学生，其中还有二个是法律系的，我的朋友告訴他们，是要畢業後才進公司，还是休学去廣州，他们竟然都选擇休学，跟我朋友到廣州設立机房，可見現今年輕一代的价值观都偏離的太離譜了。

正如您所言，沒從地獄中爬出来的人，是無法打進这些年輕人的心坎，一定要一針見血的告知他们，

在品格的鷹架上，向世界提案

教育需要鷹架，創業需要鷹架。但別忘了，只有真正有品格的人，才能利用這些鷹架，一步步登高，蓋好自己生命不倒的高樓！

這學期開學後，校內（惠文高中）學生的兩個提案獲得了初步的成功。一是「聖食計畫」：學生成功組成了「聖食志工團」，將學校十個班級的午餐剩食，轉變為火車站附近八十位街友的晚餐；二是校刊社「《十年》香港採訪計畫」：校刊社學生成功募得款項，四位社員將在十月二十一日飛到香港訪問《十年》導演歐文傑、伍嘉良。

「恭喜你，你指導得很成功。」聞訊的友人恭維我。

「還好，我只是扮演好我的鷹架角色。」

當學生離開課本，真正進入實務的PBL問題本位學習時，在現實與理想間，學生會有許多待填補的細節；而思考邏輯的斷裂處，正需要老師協助連結。因此我常自詡是蘇俄心理學家維高斯基（Lev S. Vygotsky）發展出的「鷹架」（scaffolding）。鷹架就像學騎腳踏車的輔助輪，幫助學習者在過程中不會跌倒，最後輔助輪／鷹架一定要拆掉，才能真正學會並獨立。

原先學校廚餘簽約外包給養豬場，「聖食計畫」執行前便面臨違約問題；另外，剩食交給基金會後所產生的食安責任歸屬也待釐清。我和同仁協助解決的同時，會讓學生了解處理的過程，讓他們學習日後面對爭議該如何化解。這是「自行蓋一棟樓」的重要能力。

學生提出「《十年》香港採訪計畫」時，只有「我們想採訪一群好導演，請捐款給我們」的簡單邏輯。我請他們回去思考「為什麼要採訪這一部電影？為什麼是我們訪？為什麼需要四位同學？為什麼是這個金額？」然後我將同學思考過後的說明公開在我的臉書，一天內即募到了需要的款項——「引導學生學習從別人的角度思考」便是這堂鷹架課想搭出來的模樣。

現世中極大比例的成功者，都是借助原生家庭的「鷹架」，才能比他人更快速蓋好自己的城堡。例如巴菲特與比爾．蓋茲都不是白手起家。巴菲特的曾祖父在一八六九年創立了巴菲特父子公司，巴菲特從祖父身上學到不少投資理財的啟蒙；比爾・蓋茲的媽媽協助他得到IBM的合約，父親曾任華盛頓州律師協會總裁。也就是說，巴菲特與比爾・蓋茲的成功，部分得歸功於原生家庭的「知識鷹架」與「經濟鷹架」，因此我們常歌頌像馬雲及郭台銘這樣白手起家的CEO。但在這一個資本主義走到極致、土地及科技成本愈疊愈高、財團經營無所不包的年代，要我們的新生代在畢業後「自行蓋一棟樓」，難度愈來愈高。今年拜訪矽谷排名第一的Monta Vista High School時，校長也坦承學校之所以能不斷得到英特爾及西屋等獎項，大多數得歸功於學生家長構築的鷹架：「老師只能用下午社團時間指導，能拿到那麼多科技公司及大學資源，其實都得歸功於家長。他們很多人就是蘋果電腦的員工或史丹佛大學的教授。」

我們常說教育是打破「階級複製」的最大利器，因為老師可以幫助那些沒有先天「家庭鷹架優勢」的學生，架起他們需要的鷹架。然而普世的老師不見得擅長造鷹架，而且學生想蓋的房子不一定是老師擅長的房型，除非老師願意為學生重新學習；另外，學生也不見得喜歡利用老師搭起的鷹架，有時學生嫌它太粗糙，有時懷疑其穩定性，有時更視其為干擾。

指導校刊時，剛接班的「新政權」常喜歡批評「前政府」的一切作為，殊不知這些作為都是為了解決當時問題而產生的結構。而當「新政權」快速實施「轉型正義」時，往往因為基本能力的缺乏，做得比「前政府」還差。這時候我就必須為他們搭鷹架，但許多已經有「官威」的學生會陽奉陰違，瞧不起這些鷹架，甚至學習一些「假文青的俗濫套語」，例如「老師沒有權力審我們的稿」，師生衝突往往一觸即發。「難道我當你的指導老師，連幫你挑錯字、順稿的權力都沒有？」這時當老師比當小媳婦還沒尊嚴。

「聽說校刊的幹部最後都會和老師起衝突。」提議「《十年》香港採訪計畫」的L那日走入我的辦公室。

「沒錯，當我的『教』和幹部的『學』沒有交集時，衝突就產生了。」

「我要如何不和老師你起衝突呢？」L的問題讓我覺得啼笑皆非，因為他喜歡向學姐提問，被學姐視為「衝突製造者」，因此學姐不支持他成為新一屆的社長。

「品格！」我不加思索。「只要你品格好，你不會和我有衝突。」

L真的品格好。當我要求他回答前面那四個「為什麼」時，他在我要求的時間內完成。他不知道的是，「在要求的時間內完成」對十幾年前學生而言是基本品格，但對現在的學生而言常是天方夜譚，因為說話不算話已是常態；一句「我忘了」往往就想擺脫責任。

「品格」聯考不考，升學率好的學校才會受到家長與媒體的青睞，所以師生只需一起蓋「升學的房子」，那棟房子不需要「品格」這種鷹架。

說話算話的L沒和我衝突過，我建的鷹架還算安穩，L也因此一起在校刊蓋出了「PM2.5」、「臺中BRT」、「十年」等專題的樓。然而現世常常搞不懂「溝通不等於衝突」、「挑戰不等於沒禮貌」。

喜歡批判性思考、挑戰舊思維的L，在討論《十年》時不斷表示：「探討今日香港是否會成為明日臺灣時，我們不要預設立場」、「各方的聲音我們都要納入」。

感謝L搭起的鷹架，幫我看見一個事實：原來最能夠做出一番成績的人，不僅最敢挑戰，也常是最有教養、最會換位思考的人；而那些喜歡站在對立面、沉溺於負面語言快感的族群，常是最沒有學習力與執行力的一群。關於溝通的品格，關於整個社會互搭鷹架的共好習慣，我們還有一條很長的學習路要走。

曾有一位明星大分貝地對一位長者的建言大肆砲轟，嗜血的媒體見獵心喜，便將此當成當日的新聞頭條，被挑起情緒的網友也隨波起舞：「為什麼老人們永遠要歧視年輕人？」當所有對話都被扭曲為「敵意」，當所有現場都被媒體塑造為「戰場」，國家就失去了品格，世代間的互信就此失落，人與人之間也失去互搭鷹架的可能。而教育，往往是失去高度的第一塊。

五十歲了，應該會被定位為食古不化的老人，但我仍努力鍛鍊筋骨當鷹架，試著將一個個學生介紹給企業主朋友，甚至正和矽谷Cupertino市的僑社會長合作，要推出專為臺灣年輕人設計的矽谷創業孵化器（incubator），讓僑社的熱錢挹注於想在矽谷創業的臺灣年輕人，每人十至二十萬美金的創業基金。然而這些企業主往往會再加一個但書：「希望你推薦的人選品格好，因為遇到太多說話不算話的地雷。」

沒錯，教育需要鷹架，創業需要鷹架，但別忘了，只有真正有品格的人，才能利用這些鷹架，一步步登高，蓋好自己生命不倒的高樓！

管他教改不教改，為青春烙下素養吧！

三十年過去了，高中時教室裡的課程，都像海灘上的沙字，經不住時間潮汐的漫漶，都模糊了。但十七歲做校刊時的承諾，還沒被天地大風吹散，每個字句都還用力敲打著今日的陽光。

「老師，我祖父不菸不酒，過年前卻因肺腺癌過世。」學生L表情嚴肅：「我懷疑和空汙有關，我們這一期校刊做空汙專題好嗎？」

幾天後「校刊空汙小組」成立了，組員拿著各自搜尋到的資料，聚集在我的辦公室。學生很快就寫好企畫，跑了兩次臺中火力發電廠，還在假日訪問了最關心這個議題的中興大學環工系莊秉潔教授。

「臺中火力發電廠說他們將在五年內，投入九十二億元改善設備。十年後，要啟用燃氣機組。」學生回報他們的採訪：「莊教授說臺中市空汙五成由境內工廠廢氣引起，另外有三成是境外汙染，中國塵霾是主因，另二成是中市的汽機車廢氣引起。」

「好，老師會幫你們行文市府，請教一下市府的因應措施。」

兩週後，學生又採訪了市府環保局。「老師，你知道嗎？」學生表情很興奮：「市府主導的『臺中市公私場所管制生煤及禁用石油焦自治條例』已在去年十二月獲議會三讀通過，規定四年內，溫室氣體排放量必須減少生煤使用量百分之四十。」

「但老師還是有很多疑惑——英國計畫在二〇三〇年全部改用天然氣或太陽能，日本福島事件後，大量改用天然氣發電，結果造成大量貿易逆差，不得不走回燃煤的老路。臺灣和日本一樣沒能源，我們未來該怎麼走？我有一位張廖學長剛選上立委，或許你們可以和他聊聊。」

高一那年我也加入了校刊社，張廖學長和他們班的一票怪物，帶著生澀的我，實作專題與訪談。他們像是另一個星球的生物，如夢似幻，卻又很真實地給了我今日的膽識與邏輯。三十年過去了，高中時教室裡的課程，都像海灘上的沙字，經不住時間潮汐的漫漶。但我永遠記得那天，張廖學長帶著我去孔廟對面，拿到覆有蛋白紙的鉛字稿時，逆光的側臉透出的信仰，十七歲的那些承諾還沒被天地大風吹散，每個字句都還用力敲打著今日的陽光。像是「威權在公平正義前，也要低頭」、「實踐是檢驗真理的唯一標準」或「文學可以讓你活得像個貴族」，這些青春的敲打樂，現在愈來愈清晰，有時聽起來叫「勇敢」，有時叫「素養」，那是在真實情境的藥水中才能定影的價值。

如同雲林華南國小與樟湖生態中小學陳清圳校長所言：「臺灣的孩子和真實的情境脫節了，他們所學習的全部都只是套裝知識；但從心理學、生理學到哲學都告訴我們：孩子必須從真實世界走向抽象世界。」所以陳清圳帶著學生下田、上山、環島、踏查、淨溪、訪視獨居老人、拍微電影凸顯社區問題、付出行動改善社區的醫療、環保、經濟等問題。在清圳的學校會看到：原本每天打人的學生被賦予登山隊長的任務，下山後就變成最會照顧人的孩子；身處偏鄉的國中生自學第二外語，因為她環島後，不相信世界上有辦不到的事。

不留在教室中，考試怎麼辦？不用擔心，在實境中累積素養的孩子，得到的是一輩子的生命力，得到的是高自我期許。二〇一五年雲林縣的會考狀元，就是他教出來的學生。和清圳聊心事時，他說他曾經哭了，因為覺得「實作中教素養」這一條路走得好孤單，好希望有更多人一起走。我嚮往陪清圳一起走，就像學長曾帶我走過的路，那是我今日力量的來源。所以在教育小徑蹀躞多年後，我又走向了那條與今日升學衝突的路。我喜歡把學生帶出教室，一個一個偷渡出去，竟然就偷渡了五個做中學的社團。

參加了空汙專題後，我充滿歉意對L說：「這個專題排擠了你準備月考的時間，可能會影響你的升學，很不好意思。」

「老師，別這麼說，我學到了蒐集資料、媒體識讀、活動企畫、小組領導、時間管理、溝通表達、問題解決、系統思考等素養，至少我不再是個不懂問題邏輯的酸民了。」

上個月到國教院開會，看著一張張教改總綱的投影片，其中有一張寫著：「以素養導向代替能力導向，十二年國教的精神就是重實作，就是要學生在真實情境中，利用習得的能力解決問題，最後學到態度及素養。」國教院希望老師研發或合作出「專題研究」、甚至「公民行動」的課程，最後「希望」大學端在招生選才時參考這些「學習歷程」。

好大的理想，或者說，前景坎坷的夢想。因為「考招連動」的邏輯還沒建立前，要基層老師不去理會現實的考科，老師只會被家長批評為不切實際或是不負責任。

但或許我們可以聽一聽一個臺北工專前校刊主編的話：「你說當年做校刊總編輯時，怎麼預測這個經驗可以解決現在遇到的問題呢？」這個前主編叫童子賢，是和碩集團的董事長，他投資拍攝《他們在島嶼寫作》，投資報酬率只有百分之五；他很笨，但他說：「事情不被理解或不被商業價值衡量的，不代表不重要。」

這個商人身上有一股不被理解或不被商業價值衡量的傻勁，可能和我那批學長一樣，做校刊時，身上不小心留下鉛字的烙痕，因為太年輕時被烙下，洗不掉了，成了終身的印記，那無法命名的印記，就叫它「素養」吧！

台中發電廠

自己暖和了，也要讓漁工不冷

如果能感受到彼此的溫暖，我們的國家會成為更安全的地方。

中青文創營時，天下獨立評論廖雲章主編分享褚士瑩的「送冬衣到南方澳」活動，才讓大家了解到外籍漁工的需要。

臺灣境內聘僱的漁工大約有一萬人，不工作的時候可以上岸入境；而臺籍漁船上另外有約兩萬人的外籍漁工，屬於船長在境外聘僱的漁工，他們雖然在臺籍漁船工作，但臺籍漁船回到臺灣時，依照法律規定，他們不准入境，只能留在船上。臺灣人以為自己吃到的「臺灣」海鮮，其實大多是外籍漁工為我們辛苦捕獲的。大多數臺灣人不知道的是，這一大批來自熱帶國家、完全沒有體驗過寒冷的外籍漁工，就算願意將少得可憐的薪水（每個月實領從新臺幣幾千元到一萬七千多元不等）通通拿來買發熱衣或夾克，也無法對抗海上刺骨的寒風。但因為不可能上岸，他們只好繼續留在船上受凍。

褚士瑩透過臉書向臺灣同胞勸募，只收到五十餘箱冬衣，遠遠低於這兩類漁工加起來三萬人的需求，所以實際的情形是：境內聘僱的漁工若幸運抽到冬衣，外籍漁工會和他們分享，兩人合穿一件，勉強湊合著熬過冬天。

「沒有體驗過寒冷的外籍漁工，受困於冬天海上的寒氣。明天我們將家中不要的冬衣帶來好嗎？有沒有可能在聖誕節前，我們募到超過五百件冬衣寄到南方澳？」文創營第一天結束時，我如是期許學員。

「老師，這是我們想送給漁工的冬衣。抱歉，因為我們昨晚住學校宿舍不能回家……」我接過冬衣，感動得想飆淚。

苗栗興華高中二十幾位學員聽完後深受感動，大家紛紛掏出零用錢，合資買了全新的冬衣；曉明、惠文和臺中二中的同學，一早也帶來家裡的冬衣；隨後我與學生在校內發動勸募，但總共也只有十五箱的量。於是我又在自己的臉書PO文，沒想到超過八十所學校響應，還有更多臉友自行開車送冬衣、手套和暖暖包到南方澳。

一個月後漁業署林榮耀來訊：「南方澳冬衣已足，其餘的也已協助轉送給澎湖及東港的漁工，將會造冊證明。現在四個港口冬衣都夠了，真的很感恩大家！」

閱讀訊息時，內心滿是驕傲，臺灣最美的風景，真的是人！

廖雲章說得好，這世界因為族群間的善意不足，動亂便愈來愈多，如果能感受到彼此的溫暖，我們的國家會成為更安全的地方。

二〇一五年聖誕節，八十所學校的老師和學生、還有各行各業的臉書朋友，不僅自己暖和了，也讓漁工不冷——謝謝你，喜歡在網路打嘴砲，但內心永遠溫熱的臺灣人！

無畏
第七
中青

校長破風手

孩子永遠不會乖乖聽大人的話，但他們一定會模仿大人。——詹姆斯・鮑德溫（James Baldwin）

「他是國三破風手之一！」女主人雅玫驕傲地指著自己的兒子。我趕緊走向為我們服務整晚、比我高出半顆頭的帥氣青年：「來，英雄，合照！」

清圳校長在一旁咧嘴微笑。其實我們都知道，他才是真正的破風手。清圳帶領的樟湖國中小及華南國小挑戰舊體制，申請成為實驗學校，試辦四學期制，暑假縮短十天，上下學期各有長達一週的秋假和春假，安排戶外教學。

今年一月十八日，他帶領一百二十位學生，挑戰從花蓮到雲林，這是以地質與服務學習為骨架，以轉變內心為主軸的「北迴到南迴單車挑戰」。縱然已有九年的經驗，為了籌劃這趟壯舉，清圳仍事前勘景七、八次。他深知此程走讀五百里，學生必須頂著烈日、低溫和七級強逆風。

殊不知二〇一六年此行，等候他們的是「魔咒之旅」。

第一天，豪雨不斷，還碰上規模五．七的地震。第三天翻越南迴，當車隊右轉安朔，那蜿蜒沒有止境的上坡，開始侵蝕孩子的信心。當全部的隊伍抵達南迴大武，隊伍已拉長一公里。因為之後將有十五公里的長上坡，清圳集合學生，讓生病或身體不舒服的孩子搭車到壽卡，以縮短隊伍的長度。

「小偉要上去。」此刻有自閉症、原先安排被許多同伴照顧的小偉突然大喊。

「小偉，你上車。」清圳很堅持。

「小偉要上去！」連喊五次，孩子更堅持。

不管校長的指令，小偉跨上單車，奮力跟上車隊。原先已精疲力竭的車上孩子，看到需要被照顧的同伴都上路了，也一個一個奔下車，重新戴上頭盔。用不知哪裡來的力量，他們猛踩踏板追上去。車上最後只剩下三個受傷的學生，其他學生全部奇蹟般地越過中央山脈，騎到壽卡。

祝賀拍照後，清圳集合同學，告知接下來十公里的長下坡，是最容易發生意外的路段。「意外的發生通常在鬆懈之後。人如果登頂卻不懂謙虛，將是悲劇的開始。」

事實上，當天真的有悲劇發生——捐款重建樟湖的張榮發先生早上離世了，清圳強忍悲痛，因為沒有張先生，就沒有今天的樟湖生態中小學。走一九九縣道騎到哭泣湖後，清圳將這不幸的消息告訴學生。孩子們雙手合十、祈禱、感恩。一百二十個學生，在一月二十日這一天，有太多要學的。

一月二十三日，快到家了，卻遇到霸王級寒流以及強逆風。烈風拍打、寒流刺骨、陣陣冷雨滑進身體，孩子們不管如何用力踩踏，就是無法前進。逆風北上，需要破風手，尤其面對七到九級的強陣風。

膝蓋原本有傷的清圳校長，此時一馬當先，衝到隊伍前破風；雖然第一次感覺到靈魂和身體分離的痛苦，但他仍繼續領騎。這時，原本支援交管的九年級孩子，抓住自己的單車，亦分批往前衝，輪流破風。在保母車上的家長，看著自己不到十五歲的孩子領騎時痛苦卻巨大的身影，不自覺飆淚。如清圳所言：「生命在極度擴張下，孩子開始轉化。」

為了讓下一代擴張與轉化生命，雅玫媽媽賣掉臺北的房子，舉家搬到古坑，讓孩子隨清圳校長一次次上山、下海、越野、環島。如同德國「探索教育」祖師爺柯漢校長（Kurt Hahn）所言：「傳統教育偏重於智育，導致學生普遍缺乏自信心，不懂得體諒他人，也普遍缺乏感恩與讚美的美德。因此透過『做中覺、覺中學、學中做』的探索歷程，刺激個人的感官學習功能，逐步提升管理情緒的經驗和能力，活出意義與責任。」

此次南下，受清圳之託辦理三天的兒童文學營，清圳也期待能結合「探索教育」，所以學員必須探索在地人事物後，才能開始各種創作。因此，這一天清圳先帶著我拜訪古坑百歲咖啡老農、火龍果新創農民、奶油巴士藍帶糕點師傅，以及巴登咖啡創辦人。「你了解這些人後，更能夠帶領孩子創作。」對於教育，清圳總是做到一百分後，還要做到一百二十分。

為了振興古坑咖啡，他竟然飛到雅加達，轉飛加里曼丹，再坐三個小時的車子，到達沒有路的深山，只為看看日本人如何主導印尼這些種植區。回國後，他信誓旦旦：「我們的咖啡烘焙技術比他們先進二十年，我們太有競爭力了……我還要與政府合作，在古坑與阿里山間開發一條觀光路線，把地方經濟帶起來，年輕人回來，孩子回來，社區就活了……」

夕陽西下，大家都在露臺上專心吃著雅玫媽媽剛烤出來的披薩，只有清圳校長還對著晚風高談社區振興、臺灣教改和孩子的未來。才四十七歲的他，臉上溝壑縱橫，我知道這個踩在臺灣實驗教育最前端的人，還在忍受日晒雨淋。

「我願意陪你一起破風！」我對著那晚出現的第一顆星星承諾。「如果我有這個榮幸。」

大夥兒正討論那顆是金星還是火星，但我知道，只要實驗教育的車隊還在向前，不管是多遙遠的星，總有一天都可能抵達。

完整的學習歷程，不打折扣的人生

做事有三個層次：做了、做完與做好。

「老師，你能告訴我為何不到五分鐘，就決定買我這一份保單嗎？」介輝升上襄理後，其他業務員一直追問：怎麼可能在這麼短的時間內，就賣出七位數的保單？

「誰說我只看五分鐘？我看十幾年了。」

十三年前，介輝是我訓練的外交小尖兵的團員之一，我發想讓他們初賽時跳踢踏舞，在節拍中用chant吟唱臺灣的特色。進入複賽後的演講最讓人焦慮，因為舊制只抽一人演講，要背四篇稿子，而且上場二十分鐘前才知選中哪一篇。團隊四人中，介輝是唯一的男生，也是英文發音相對較弱的，然而莫非定律發功，真的就抽中介輝。

比賽當天，我對介輝說：「用冥想法，想像上臺、開始講重點時，眼光從左掃到右；想像講完笑點後停頓，等聽眾笑完後再繼續講……三分鐘就可冥想一份稿。我算過，從你上車到上臺，每份稿子可各做十次冥想。冥想是洋基隊打擊的練習法，能訓練你的潛意識，讓你得到真正的放鬆。」介輝一直專注地點頭，我感覺可以要求得更多：「對，就是要完全放鬆，忘了比賽，忘了評審，只記得你這一輩子只有這兩分鐘可以分享臺灣的好，要很熱情、很有使命感地感動臺下的人。只要有熱情，你就會自然地走動、握拳。我們情願輸，也不要學那種背稿式、沒有靈魂的演講。」

那天介輝講完後，臺下一半的聽眾站起來鼓掌，兩位老師過來跟我握手：「不用比了，蔡老師。這是我打的初複賽加總分，你的學校是我的最高分。」我抱著介輝，幾乎落淚。我了解我的要求很高，但他能不打折扣，全部做到。

比賽結果揭曉，因為我的疏忽，舞臺布景印製了校名，因此扣重分，儘管得了最佳創意獎，仍沒能打進全國。四個隊員痛哭失聲，卻不怪我。除了自責，我根本無法彌補對他們的虧欠。

「介輝，那天你走下小尖兵的舞臺時，我已經完全相信你這個人了。其實，你什麼都不用說，你一開口，我的筆就已經拿出來準備簽字了。」

「老師，你不怕我把你賣了嗎？」

「哈哈，你以為我沒比較值嗎？」

「比較值？」

「我二十多年來的學生當中，能達到我的要求、不打折扣的人是少數，你是其一。」

「如果老師的要求是對的，為何要打折？」

「把我的教書生涯大略分為五個階段，第一階段的『折扣率』頂多百分之二十，現在大概高達百分之八十了。」我有點感慨：「例如以前學生說週日會交稿，那個晚上大概就會收到，但現在連遲交也不說一聲。等到誤了大事，才回答『我有寫，但沒寫完』或是『我有交代其他人，但他們不聽我的話』。」

「可能學弟妹比較忙吧？」

「這個時代誰不忙？但忙不能當藉口。做事有三個層次：做了、做完與做好。現在同學都把工作留到最後一刻做，當然只能停在低層次。還有同學開會時沒有題綱，也沒有習慣先丟題綱到網路上，讓社員可以腦力激盪或找資料，所以開會時間漫長但內容空洞，常常會而不議、議而不決、決而不行、行而不果。這就是打折的人生。」

「哈哈，老師，你對學弟妹太嚴格了！」

「不嚴格不行，否則以後他們的『學習歷程檔案』（portfolio）都是假的。」

「學習歷程檔案？」

「也就是現在引起採計比例爭論的『P』。一〇七學年起，所有的高一新鮮人，也就是目前國中八年級以下的學生，未來申請大學時，學習歷程檔案最高可能占達百分之五十的比例。學習歷程包括選修課程、學習成果、作品、社團參與、志工服務、競賽或大學先修課程等。這些大多數是跳脫傳統課堂的『做中學』。」

「所以以後的學生必須多多參加活動、得獎，這樣才有好看的學習歷程檔案，做為個人優勢囉？」

「但是如果這些歷程不是真心參與和學習，會一下子被審查委員看穿。臺大林明仁教授談面試時就抱怨：『大部分同學給我的故事都一模一樣。』況且與高手組成一隊，魚目混珠得獎，教授一問就穿幫了，就像臺大李茂生教授說的：

『備審裡胡扯愈大，面試中盲點愈多！』而且有錢，誰都可以飛到天涯海角當志工，但有沒有真正的發心，並盡責、當責地解決問題，面試時兩、三句話，就可以問出來了。」

「有道理，有經驗的教授會防弊。那要怎麼輔導學生不被問倒呢？」

「例如去年我帶同學與人安基金會合作，推出午餐剩食急凍，成為八十個火車站遊民晚餐的『聖食計畫』。這本來只是兩個同學的發想，最後擴大為四十人的志工團，還得了富邦文教『好Young人物』社會參與類的全國唯一獲獎者，但這樣還不夠。」

「全國唯一獲獎者還不夠？」

「當然不夠，因為學生必須講出遇到什麼問題，學習如何解決問題，這才是真正的『學習歷程』。例如志工團組織變大後，他們發覺自己缺乏管理與領導能力；得獎後獲得媒體邀請分享時，他們發覺自己的表達能力不足，甚至在功課壓力影響下，答應的事無法如期完成，他們才痛定思痛，明白時間管理的必要。與師長溝通後，開啟了一連串的學習，包括制定社團的階層與培訓計畫、向食物銀行取經、參與志工選修課程，並管理網路社群。才幾個月，他們就有了脫胎換骨的轉變，不僅變得自動自發，還學會企劃、領導、口語表達與作品整理。以前因為他們的態度尚未養成，交付他們事情都讓我提心吊膽，現在他們的任務完成度幾乎『不打折扣』了。你說，這種可以寫出學習、講出歷程的檔案，是不是更讓人信服？」

「大學端的招生選才方式改變，相信可以鼓勵學弟妹學到能力與態度，這也是職場需要的素養。」

「講得好，這次教改的重心，就是要幫助下一代習得終生需要的素養。」

「好可惜，以前我們都沒有這種『學習歷程檔案』。」

「有啊！」我指著我的左胸口：「我放在這裡，所以我買了你的保單。」

「哈哈，幸好我以前的態度不敢打折，所以放在老師那裡的『學習歷程檔案』還能看。」

「沒錯，歷程玩真的，學習成果就不會打折！」

第4章

你可以不一樣

用畫筆撐起尊嚴，從桌底走出來！

僅僅活著是不夠的，還需要有陽光、自由，和一點花的芬芳。——安徒生

生氣盎然的畫作〈馬〉，有教堂馬賽克玻璃般華麗的配色，受到不少粉絲的喜愛。如果不特別介紹創作者，可能會以為這是國際知名畫家的作品。事實上作者奕凱才二十五歲，在梅姬颱風侵臺前夕告別了這個世間。

天生肌肉萎縮症的奕凱長年臥病在床，用電腦畫圖是他最快樂的時光；或者說，繪畫是禁錮在肉體黑洞中的他唯一能看見的光。

幫他看到光的老師叫蔡啟海，本身也是重度身障者。會認識蔡啟海，源於十二年前指導外交小尖兵。團員蔡涵的英文和教養都超好，「一定是含著金湯匙出生的富家女。」我當時一直這樣認為。進入複賽後，蔡涵的父母來探班，我看見了三根拐杖。沒錯，蔡啟海與太太李淑玲，兩個人七隻腳。

蔡啟海自小罹患小兒痲痺，學齡前只能在地上爬，客人來訪時就躲到桌底，他一直因為自己站不起來而羞於見人；上學後也不斷受到同學的譏笑，國小六年級時到「和美實驗學校」讀書，開啟了他的繪畫之路。「繪畫很便宜，一張畫紙、幾支蠟筆，就可以開始創作了。」所以畢業後，蔡啟海繼續至國立藝專（現在國立臺灣藝術大學）及師大研習美術。

學成之後，蔡啟海回到母校教書。教學過程中，看到許多身障孩子受限於身體的不便無法畫畫，便決心為身障者設計學習輔具。他向教育部申請至英國公費留學，在英國時和太太一起努力學習；回到學校後，以精進的教學技術與觀念，幫助那些原本不可能持起畫筆的孩子。

先天腦性痲痺、有多重障礙的黃羿蓓，雙手無法握筆，於是蔡老師為她設計了「頭杖」代替手，畫筆固定在頭杖上，讓她點頭作畫。「戴上頭杖，同學一直笑我像啄木鳥，我好想放棄！」還好蔡老師自己也戴上頭杖，親自畫給同學看，這才打開羿蓓的心房。羿蓓頭頂著畫筆，點頭、搖頭作畫，一個月只能完成一幅，而且頸部超瘦，最後竟能得獎、開畫展，被稱為「啄木鳥畫家」。她回家後常說：「我不想把它忘記。」不想忘記什麼？不想忘記畫畫的樂趣，不想忘記因畫畫而生的成就感，或者不想忘記畫畫帶給她的「人的尊嚴」。

三十八歲、中度智障的阿奇，國中、小時期常被霸凌，所以不敢上高中，只敢躲在家中。失去信心的他，連照鏡子都不敢。但二〇一二年到「畫話協會」學習後，從低頭不敢看人，進步到會主動打招呼，還會問候他人、幫其他身障同學洗手。過去像阿奇一樣的身障者，只能躲在家中成為社會邊緣人。阿奇第一次來「畫話協會」，還必須搭政府的復康巴士前來，但現在會自己搭公車，不僅節省社會資源，也減輕家庭的負擔。而蔡啟海老師孤軍奮戰的「畫話協會」正為整個社會上數不清的邊緣人重新建立信心，甚至讓他們再度走入社會。

蔡啟海說：每名特殊障礙的孩子都有獨特的潛力和天分，只要協助這些孩子克服先天障礙，他們也能學習、擁有一技之長，有寄託、有自信，還有活著的樂趣。

臺灣身心障礙人口已達百分之五，儘管目前有不少團體提供資源和關注，在心靈的照顧上仍相對不足。有些重度身心障礙者常因無法進入大專院校，必須回到家裡接受父母照顧，十幾年來好不容易建立的學習基礎又回到原點。父母為了家計必須上班，不是將其鎖在家中，就是辭掉工作、專職照顧，身障人士往往為家庭帶來極沉重的負擔。

「畫話協會」今年被臺中市政府評鑑為優等社福單位，但仍然是一個靠小額捐款支付每月月租及人事開銷的單位，負擔不小。蔡啟海說，日本及歐美國家都有為身心障礙者所設立的藝術中心，開發障礙者藝術潛能；他希望為「畫話協會」找一個永遠的家，期待在他無法奉獻心力後，臺灣還能有一個透過「藝術育療」讓身心障礙者「說話」的心靈

平臺。因此他向內政部申請了「圓夢計畫——攜手購置身心障礙者圓夢創作藝術工坊」，希望募得一千五百萬元，取得固定的藝術育療場所，讓學員有放心創作、親近藝術的無障礙空間，也可讓臺灣的特教師生在此學習藝術育療。這個計畫目前雖已有一百多萬捐款到位，但離目標尚有一大段距離。

安徒生說：「僅是活著不夠，還需要有陽光、自由，和一點花的芬芳。」經過蔡啟海的努力，畫畫成為許多身心障礙者唯一的陽光與自由。就像剛剛離世的奕凱，即使冬天仍裹著棉被、戴著氧氣罩，透過蔡啟海的視訊鼓勵，仍努力學習畫畫，在他完成畫作後，露出滿足的微笑。因為除了醫院的藥水味，奕凱聞到了一點花的芬芳——在生命的終點前，那芳香因為你我的愛，仍然濃烈……

捐款資訊
戶名：社團法人臺灣畫話協會
銀行：臺中銀行軍功分行
匯款帳號：029-22-0109323
郵政劃撥帳戶：22742784（請指定用途：圓夢計畫）

送自己一條藍帶

不是每個人都有機緣佩上象徵至高榮譽的藍帶，但我們可以創造更多的「另類藍帶」，並送自己一條！

「我的父母不支持我的夢想……」女學生的眼淚像斷鍊的珍珠，一顆顆掉下。

「是什麼夢想？妳慢慢說。」

「我、我……想到法國念藍帶廚藝學校，但是我爸媽說太貴了。」

「需要多少錢呢？」

「修個兩年，學費加生活費大概要三、四百萬。」

天哪，這可不是一筆小錢，我不禁暗自嘀咕：如果我女兒也提出相同要求，我有這個財力嗎？難道世界上所有的夢想都只有一條路嗎？

我想起另一個學生韋仲。

四月初，和太太到臺北東區的巷子裡看韋仲新開幕的餐廳，品嘗韋仲精心製作的法式古典肉派。這道用三種上好肉品製作的功夫菜，與在國外高級餐廳吃到的一樣道地，但只需一半的價格；連風乾番茄都是將聖女番茄對切後，加入鹽巴、糖、奧力岡香料、初榨橄欖油攪拌均勻，低溫爐烤三個小時製成。難怪客人絡繹不絕。

身兼主廚的韋仲一直在廚房忙，只能趁短暫的空檔陪我們聊天。韋仲說，「客滿我一定親自站主菜區——很簡單嘛，自己做不到怎麼要求別人？第一道菜到最後一道菜，品質一定要一樣，第一位客人和最後一位客人付的錢又沒有不一樣。廚師就是專業，不是職業。」

專業和職業有什麼不一樣？我只知道現年三十三歲的韋仲，為了追求廚師的專業，吃了好多苦。韋仲大學畢業後才決定從事餐飲業，在臺灣當了兩年義式餐點學徒，決定到澳洲闖一闖。剛到澳洲時，英文程度爛到爆的他，過海關時鬧了一個笑話，官員要看他的VISA（簽證），他竟拿出信用卡說：「This is my VISA.」沒辦法，只好用僅存的積蓄去上語言學校。

怕盤纏用盡，他從當地報紙找到一家布里斯本的高級法式餐廳，從最低階的打雜做起。韋仲一開始根本聽不懂同事的對話，加上外國同事動不動就對他罵髒話，所以韋仲一聽到髒話就以為有人在叫他，馬上跑過去；久而久之，他的名字變成Mr. Fuxk。他肯做、好學，熬了好久後，同事改稱呼他Yellow Monkey，但還是一個屈辱的稱號。

一位明星級主廚很欣賞韋仲的態度，教他廚藝，也教他閱讀。閱讀讓韋仲了解食材在烹飪過程的各種化學變化，不再只知其然，不知其所以然。他開始利用這些原則，一下班就在廚房實驗各種食材搭配，不到半年，韋仲成為受重用的二廚。布里斯本的報紙還特地報導他，因為許多顧客每週光顧這家昂貴的餐廳，就是為了品嘗韋仲不斷推陳出新的「創意甜點」。韋仲的英文能力變好了，薪水連跳三倍，連以前瞧不起他的同事都改叫他Mr. Everything（萬事通）。

離開澳洲前，倫敦和墨爾本的餐廳用藍帶廚師的薪水競相挖角他。這不禁讓我思考，以韋仲的讀書能力，他一定考不上臺灣最好的餐飲學校；韋仲家無恆產，應該也沒有到國外念藍帶餐飲學校的財力。但是他靠著膽識與態度，打破制式的學習，送自己一條「另類的藍帶」。事實上，每個人都可以打破制式思考，在不同的領域「送自己一條藍帶」。

十六世紀，法國國王亨利三世在「聖靈動章」上繫一條藍色絲帶，代表法國美食最高榮譽。不見得每個人都有機緣佩上一條藍絲帶，但或許我們可以創造更多的「另類藍帶」，讓更多上進的年輕人佩上生命的動章。

世界上所有的夢想都不會只有一條路，如果教育部和所有的親師生能一起找路，那天女學生像珍珠的眼淚，將不再一顆顆掉下……

病是一艘船

不完美的人生才叫人生。上天要我先鬆開雙手，才能接住所有。

「好了，手術完成了！」

「哈啾！」我狠狠打了一個噴嚏。

「哇，好險！」我的眼科醫師忍不住驚呼：「你只要早三秒鐘打噴嚏，你的眼睛就毀了。」我有點不好意思，又覺得幸運。

三十四歲時左眼換了人工水晶體，右眼視線卻也愈來愈模糊，三年後只好再做一次白內障手術。開完刀後，醫生拍拍我的肩膀：「一個月後，眼睛就可以看清楚了。但你很特別，我開過幾千顆眼睛，你是最年輕的一個。」

我笑一笑，只好自嘲：「我的基因與眾不同吧。」

其實自小體弱多病的自己，已習慣如此與自己的病痛相處。學齡前常打針，結果被缺乏經驗的護士打成青蛙肢（大臀肌萎縮症）；國中時得了肝病，整個人看起來暗沉昏黑；二十四歲時，雙胞胎哥哥罹患三期鼻咽癌。我不禁思考，何時老天也會以更嚴厲的病痛來折磨我？總之，對病痛的恐懼，讓我的心也病了，我一直覺得自己活不過三十歲，一生幹不了什麼大事。

前幾天，接到一位讀者的來信，我才知道，病痛是一艘船。

蔡老師您好：

我是一直默默在閱讀著您的文章的一個二十四歲女生。三年前的暑假，醫生告訴我，我得了惡性骨肉癌第三期，因為腫瘤在骨盆內，經過化療後因為疼痛沒有改善，所以必須接受放射治療，醫生說我這輩子都可能無法受孕。那一年，我二十一

歲。當時的自己得知手術成功率根本不到一成，但是又無法不去開刀……接受了十三小時的手術和術後的十二次化療，我開始了我的第二人生。

當自己被醫生宣判罹患罕見骨肉癌的那一刻，我問了好多次的為什麼？現在終於了解，不完美的人生，才叫人生。那就是上天讓我先學會死亡，再學會活著，因為祂要我先鬆開雙手，才能接住所有……

我開始用畫圖告訴別人我的故事，我開始用我的生命去影響其他人的生命，甚至我希望能用自己的生命故事成為別人生命的祝福。

敬祝平安喜樂

椀晴

椀晴的信讓我想到《金剛經》之語：「佛說有病，即非有病，是名有病。」《金剛經》全名為《金剛般若波羅蜜經》，「般若波羅蜜」原意是「到大智慧的彼岸」，病痛原是修道的增上緣，是提點我輩進入智慧實相的一艘船。

椀晴剛完成大四課程，拿到畢業證書，現在正朝著療癒系插畫家的路前進，想用自己的故事和畫帶給更多人正面力量。她的故事像一艘充滿生命喜樂、通往智慧彼岸的船，幫助我不再視病為苦，幫助我了解「心無罣礙，無罣礙故，無有恐怖」。

講重點的企鵝，想飛

你能想像一個腰椎斷掉的人要如何行走嗎？他不僅開始走了，還準備飛出去。

「『只要不放棄自己，就不會有人放棄你。』我從小受過很多折磨和痛苦，但是我沒有放棄過自己……我希望我能帶著自己的輪椅去環遊世界！」

演講結束後，嚴嚴像隻企鵝，左搖右晃地走下講臺。我和圖書館組長拍紅了雙掌，不僅是因為他做到了自信、目光接觸、有條理等要求，更重要的是，天生脊柱裂的嚴嚴，屬於腰椎第四節完全損傷等級——你能想像一個腰椎斷掉的人要如何行走嗎？當所有復健科醫師都認為他無法行走時，他靠日復一日、痛徹心腑的復健，維持了行走的能力；此外，因為腳底沒有知覺，長時間站立對他更是大挑戰。

除了站立，簡報需要的重點邏輯，對小時候神經受損的嚴嚴而言，根本是超能力。「他以前講話像醉酒，總是又長又重複，他念資優班的姐姐受不了，最後只酷酷地回答三個字：講重點。」嚴嚴的母親曾如此說過。

「嚴嚴不是一直很自卑，不敢站在眾人前面嗎？」我忍不住詢問組長：「為什麼他願意參加簡報王活動？」

「是彥慶老師，這次會有這麼多特殊生參加，都是他鼓勵出來的。」

我對這種可以「製造神蹟」的老師太好奇了，趕快去找彥慶老師。

「主任，這沒什麼，是圖書館的活動設計得好，我只是做我能做的。」個子不高的彥慶很謙虛，但我知道這個特教巨人一定有故事。一問之下，果不其然，彥慶在當老師前，曾經在蒙古、柬埔寨、印度、藏族流亡區等地方從事海外醫療服務九年，當過電腦公司的國際業務，還和朋友創立了臺灣健康合作發展組織（HCOOP）。走過大江大海，難怪一身好本領。

「你太謙虛啦，我知道要說服一般生接受挑戰已經不簡單，要激勵十幾位特殊生上臺，更是難上加難，我好想知道這些細節。」

「他們一開始都極度抗拒，但我開始和他們聊生命，告訴他們，他們比其他

HWSH

人更需要學會表達，才能讓這個世界認識他們。我還試著放TED Talk影片給他們看。」

「有用嗎？」

「他們嚇死了，他們說只有厲害的人才能上去分享。所以我也放力克・胡哲（Nick Vujicic）之類的影片給他們看，讓他們知道，真正的厲害，是不受先天限制；真正厲害的人，是勇敢講出自己生命故事的人。」

「是啊，多虧你，他們每一個人的分享都很成功。」

「我們的任務就是要給他們成功的經驗，他們以後會一直想複製這種成功的喜悅。」

幾天後，彥慶帶著眼神多了自信的嚴嚴來找我，我們想一起複製更多成功。

「主任，我可以參加文學獎。」

聽到嚴嚴這樣說，我高興地想跳起來，他的故事可以激勵太多人了。嚴嚴小時候有幾次瀕死經驗，接著是開不完的刀與復健，痛楚一直如影隨形跟著他，但他卻也是個讓母親引以為榮的孩子，即便每天早上起床時，腦水會讓嚴嚴強烈暈眩，他也總是忍住嘔吐感，為了健康逼自己吃完早餐。進教室和圖書館時，他逼自己不坐電動輪椅，要和其他同學一樣。

「好。」我點頭：「你每寫一些就找我討論，我會將所有的寫作技巧教給你。」

「以後上我的課，你也可以寫。」彥慶繼續鼓勵。

「然後你可以用五分鐘『講重點』，明年在畢業典禮致詞。」

「站五分鐘，你可以嗎？」彥慶有點擔心。

「可以，我會練。」

嚴嚴眼神篤定，甚至比我還篤定。這讓我想起自己當年右小指斷掉時，因為受不了復健的痛，到現在還是彎曲的，但嚴嚴所有的進步，都是比我小指還強烈的劇痛換來的。

嚴嚴於二〇一五年得到十五校聯合文學散文組首獎，二〇一六年得到臺中市文學獎。我知道他這輩子都可能走得像隻左搖右晃的企鵝，但我相信這隻企鵝以後會飛，他會帶著自己的輪椅，飛向全世界。

我們一起當糖寶寶好嗎？

我被他逗樂了，因為聖誕節早過去了，而且他忘了自己曾經很討厭我。

「我不要跟主任合照！」糖寶寶摘下聖誕帽，甩在地上，大搖大擺，逕自往圖書館大門走出去。

「I am so sorry. I don’t know he would do that.」扮演聖誕老人的外師一臉尷尬地安慰我。

平常口才便給的自己，這時也想不出話自我解嘲。

在聖誕節當天，館裡的國際教育組長買了糖果、借了聖誕老人的服裝，在每堂下課時播放聖誕歌，也拜託外師Jordan扮演聖誕老人。一下課，學生馬上衝到圖書館領取Jordan發放的糖果，糖寶寶也來了。

糖寶寶是個唐氏兒。這兩個星期，他每天都會衝進圖書館，大喊「聖誕快樂！」不僅拿糖果，還抱著體型像北極熊的Jordan，好奇地摸摸Jordan的大肚子，又興奮地與Jordan合照。拍了一張後，圖書館幹事叫我也一起入鏡，但「情緒很誠實」的糖寶寶根本不想與陌生人合照，馬上拂袖離去，也讓最近猛K特殊教育的自己，上了真實的一課。

踱回辦公桌，網路上負面的聲音紛至沓來：「音樂已經打擾學校的寧靜，難道不能體諒要考學測的高三生嗎？」「我們是教會學校嗎？」「要洋化才能顯出我們進步嗎？」……

一波波批評聲浪襲來，很怕阿姐（我對國際教育組長的暱稱）會受不了。

「阿姐，妳看到了嗎？」

「看到了。」

「妳……不要太放在心上。」

「沒關係的，主任。每個人都有他的立場和文化解讀，高三導師關心學生的讀書環境，也有人覺得活動的教育內涵不足，這些都有道理，我會尊重他們的意見。況且我的活動辦得有點草率，沒有事先知會其他同仁。」

「阿姐，別這麼說，妳做得很用心。妳看學生拿到糖果、聽到Jordan對他們說

Merry Christmas時，他們有多快樂！反而是我沒幫上什麼忙，不好意思。」

「不會啦，主任。這些都是我喜歡做的事，我是國際教育組組長，本來就有義務去辦一些國際文化的相關活動。」

「可是……有的同仁……」

「主任，別擔心啦，他們都是盡責的好同仁，而且我和他們私交很好，不會因為這樣就影響交情的。」

「哇！阿姐，妳好大氣！不像我只要和別人意見不合，就把他貼上『敵人』的標籤。」我想起自己過去氣度狹窄，只要覺得自己出發點是對的，就「理直氣狂」，像輛坦克壓過所有不同的聲音，即使傷害別人也不肯認錯；甚至只要聽到一點點批評，就自覺委屈、到處告狀。但奇怪的是，每次將「委屈」倒帶一次，心情不但不會好轉，反而更討厭自己。總之，我在職場上，有二十多年活在「抱怨」的惡性循環中，直到三年前遇見了讀心理的M。

「你真的想做出一點大事？」那天M突然問我。

「當然！」

「但我不認為你能做出多大的事。」

「你憑什麼這樣說？」我超級不服氣。

「因為忍辱才能負重。在多元去中心化的後現代，想當中心的咖，一定要被打；你被打了就自怨自艾，到處樹敵，忍不了辱，怎麼可能負重？」M的話刺中我最不堪的一面。

「那你忍得了嗎？」我還是不服。

「我不忍，我化解掉。」

「不懂，怎麼化解？」

「忍的英文是bear，是『背負』的意思。所以忍耐是把負面情緒一直揹在身上，揹久了誰都會瘋掉。忍住一時的情緒外，要諒解，才有化解。諒解的英文是understand，也就是說，你要從每一個批評者底層（under）的意識去思考，例如他的文化背景與你不同、人格特質與你有差異，或是他天生不喜歡你。」

「如果我做的是對的，他憑什麼不喜歡我？」

「憑什麼全世界都要喜歡你？」

「他可以不喜歡我，但不可以隨便批評我啊！」

「你要了解，真實的世界裡，別人可以不喜歡你，可以隨便批評你，而你可以選擇不去討厭別人、不去批評別人。」

「好玄，不懂。」

「心理學大師拉岡曾提出『鏡像理論』。他認為當人透過鏡像來認識自己，就是藉由『他者』認識到自己的存在。人類就是在不斷的人際互動中，形成自我形象。可惜，多數人的價值觀都已扭曲、變質，因此精神分析學者不斷強調『走出鏡像』的重要，也就是說，不要只從別人的眼睛去形塑自己，也要用『心眼』反射正向的鏡像給對方。」

「M，你愈講愈玄了。」

「講白話，就是不要去恨不喜歡你的人，要用微笑面對所有的負能量，每天帶著微笑做事。積累久了，就是大事了。就像尼采在《查拉圖斯特拉如是說》中講的：這世界永遠圍繞著創造新價值的人運轉，而不會圍繞著每天批評的人運轉。」

M的話很哲學、很宗教，我仍無法完全理會，但我開始試著不去討厭批評我的人，開始微笑思考他人的批評，好像做到M所講的，不再硬揹，而是在諒解中，負能量融化了、消解了。

今天早上乾冷，第一節下課時，糖寶寶穿著短袖衝進圖書館，直呼：「好冷，好冷，要喝薑茶。」心腸軟的愛心媽媽告訴他沒有薑茶，要拿外套給他穿，但糖寶寶就是不肯穿。

「要不要喝熱巧克力？我這裡有。」我提出建議，但又怕他討厭我。

「好！好！」

於是他興高采烈地拿著我沖泡的熱巧克力離開圖書館。

「主任，我還要一杯。」第二節下課時，糖寶寶拿著空杯子衝到我前面。

「不行啦，太甜了，只能喝一杯。」愛心媽媽連忙制止。

「可是我喝了就不冷了。」

我想到他穿得少，熱量消耗得快。「好，只能再一杯，但記得，以後一天最多一杯。」

跟著我走到飲水機，糖寶寶很機伶：「圖書館的飲水機壞了。」

「沒關係，」我說：「我們到走廊去。」

在走廊加完熱水後，糖寶寶的臉又笑開了，拿著熱巧克力就要回教室，這時他突然回頭：「主任，聖誕快樂！」

我被他逗樂了，因為聖誕節早過去了，而且他忘了他曾經討厭我。我笑得很大聲，大到糖寶寶走遠後，聽到我的笑聲，還回頭對我笑。

我突然決定新的一年起，要當一個不記恨的糖寶寶，每天對著別人大喊「聖誕快樂！」讓這個世界每一天都充滿聖誕的感恩，每一刻都有善解的快樂！

拾穗後，沃野千里

人生太短了，我沒有理由不去找回選擇。——史迪爾小姐

「淇華老師，我申請清華大學『拾穗計畫』，第一名錄取，哇!!我方便打電話給您嗎？」

接到芳如的電話，四周景物輪廓開始扭曲，我一度以為這是夢境。

「這是臺灣嗎？臺灣的教育真的鬆綁到允許一個曾經念不完高一的學生，進入頂尖大學嗎？」

二〇一五年三月芳如來找我時，我看到一臉病容、毫無自信的她，她如此自我介紹：「我十六歲時得了一種罕見的自體免疫失調疾病，叫史迪爾氏症。我一到學校過團體生活，就會不斷生病，所以從十五歲開始，歷經三次高中新生訓練，成功蒐集六套不同款式的校服，現在二十一歲，高一還讀不完，而『成為全

家族第一個大學生』卻是我最大的夢想。」

如同她今年在EDU TALK演講時所說的：「這個世界不斷地提醒我，我沒有良好的升學條件。我問我自己，如果不想一輩子無法完成高中學業、一輩子無法完成夢想，我應該找到動力前進。」

那個午後，我知道靠制式的學校教育，她將永遠不可能得到想要的文憑。幸好二〇一四年十一月，立法院通過「實驗教育三法」，更開放、多元、適性的教育也許能讓她擁有充分發展的空間。我告訴她：「今天起，妳就叫史迪爾小姐吧，妳的天命是為弱勢發聲，協助臺灣蹣跚習步的『自學計畫』愈走愈穩。」

史迪爾小姐的膽識與執行力勝過同儕。她真的向教育局申請了「自學計畫」，成為一名「非典型實驗學校」學生，而且因為離開學校，每學期還有兩到三萬元的政府補助。她說：「申請程序是複雜的，但申請條件並不苛刻。」於是我成了她的自學老師，主要是指導創作。

自學後，史迪爾小姐像飛出籠子的鳥，在廣袤的森林中，忙碌尋覓適合自己的養分。她不斷地學習、研究、訪談，甚至受邀演講。她還修了大量線上課程，時常利用圖書館閱讀、整理、歸納。加上勇於與各界達人聯繫對話，靠著自學，

史迪爾小姐雖然只是個高中生，其學識與談吐，早已超越許多大學生。

然而史迪爾小姐的「自學科目」涵蓋藝術、新聞、攝影、寫作，都不是傳統聯考的考科，除非特殊選才，否則她永遠進不了一流的大學，於是清華大學「拾穗計畫」成了她的希望所繫。

如同清華大學招生策略中心的長期研究發現，特殊選才是避免國力同質性高，以及維持國家人才庫於不墜的必走道路。這世界需要通才，也需要鼓勵偏才；然而傳統的考試制度卻必須讓每個人學習一樣的科目，甚至是一樣的難度。如同今天早上第一節課時，我無助地看著全班一半的人睡眼惺忪，因為他們要學的科目太多，晚上還常參加補習，凌晨才睡覺；早上又要六點起床，七點半到校。在最需要睡眠的青春期，每天睡不到六小時。誠如史迪爾小姐所言：「我像穿著白色運動服，在操場上與每個人一起做著整齊畫一的動作，心想：『我在這裡幹嘛？』被混淆比被失去影子更痛苦。」

清華大學「拾穗計畫」經過紮實的研究及嚴格的執行，三年來招生名額緩慢從十名、十六名，成長到今年的三十名，不啻替臺灣不適合學校或聯考系統的秀異偏才，提供一個生命的出口。

「特殊選才」是項教育改革，如同歷史上所有的改革一樣，剛開始都不可能盡善盡美，在產生利益之餘，也可能產生弊端。但大家要思考，傳統聯考制度帶給臺灣學生的，是怎樣一個不快樂又不健康的人生？這種齊頭式的公平真的對我們的下一代公平嗎？「特殊選才」是否可能在更多領頭羊大學實施，讓一些特別擅長程式、物理、數學、文學、藝術的天才，在高中階段就開始適性發展？「特殊選才」是否可能讓下一代避免變成睡眠不足、被迫學著不擅長的科目、最後失去自信與學習動能的高中生？

改革之路仍漫漫其修遠兮，仍待有志之士上下而求索。或許我們可以聽一聽史迪爾小姐心中小小的期盼：「我希望自己不是唯一的勵志故事，希望社會能接受相對多元的教育型態，國家應該思考如何讓更多的政策、空間、人力與資源，成為學生的社會支持系統，因為考試排名不是學習的動力，真正對知識的熱忱，才是學習的動力。不同專長的學生不要放棄教育自己的力量！人生太短了，我們沒有理由不去找回選擇，這是我想與大家分享的。」

讓我的文字，成為你的光！

我和薇雅老師在MSN對話時，常傳給她一些可愛的貼圖，事實上她根本看不到，因為她看不見。

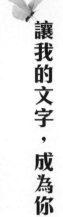

二〇一四年九月二十六日，我和宜蘭縣蘇澳國小徐薇雅老師的合照，上了各媒體的版面，因為我們得了相同的獎項，媒體給我的形容詞是「昔日劣生，今得師鐸」，而各大報給薇雅老師的標題是「視障教師，推廣閱讀有成」。當時我對薇雅老師有太多的疑問：看不見，怎麼教書？看不見，怎麼讀書？看不見，怎麼推廣閱讀？

薇雅老師三十五歲時，正好在教學最巔峰的第十年，但家族遺傳的「色素性視網膜炎病變」發作，視力急遽退化。為了幫薇雅老師「看到回憶」，在視力退化的這幾年裡，深愛她的另一半、蘇澳鎮公所建設課課長洪文言，特別珍惜和薇

雅老師一同出遊的時光。一起到英國參訪時，洪文言拚命替薇雅老師拍照。「她完全看不見以後，我會再為她『敘述』相片裡的景色。」目前四十六歲的她，已幾乎看不見。

但「看不見」的她，因為推廣「閱讀」得到師鐸獎，甚至到師大復健諮商研究所，一年還借了一百九十多本書，閱讀量比以前還大。我和薇雅老師成了好朋友後，終於可以當面請她解惑。

薇雅老師靠著本世紀發展出來的報讀軟體（Screen

Reader），可以聽到文字檔的內容。難怪在我寄新書的電子檔給她後，她就能與我熱烈討論。若沒有電子檔，視障者就必須麻煩明眼人使用掃描器，將紙本掃成電子檔，但這是一件非常不經濟的工作。首先須將整本書拆開，才能平整掃描；另外掃描器的辨識結果只有約百分之八十的正確性，所以掃描後需要人工逐字校對一次。薇雅老師曾為了寫論文，需要閱讀二十幾本書，但只有心理出版社願意提供三本書的電子檔，只好麻煩學校工讀生每週校定四到五萬字，非常花時間，壓力大到讓她幾乎要放棄論文。

「如果臺灣的作家和出版社願意提供電子檔給『臺灣數位有聲書發展協會』，那將是對視障者莫大的福音。」八月初到宜蘭拜訪薇雅老師時，她有點失落道：「我們即使有錢，也讀不到想讀的書。」

然而薇雅老師不是唯一失落的人。

根據「愛盲基金會」提供的統計顯示，目前全臺灣領有政府視障手冊者計有五萬五千五百六十九人，但實際視障人口約有十八萬人；中重度的弱視與低視能者約為十六萬人，而有中輕度低視能困擾者則高達一千一百三十八萬人。全臺灣有這麼多視障同胞，但我們對他們卻如此陌生。就像我和薇雅老師在MSN對話時，我常傳給她一些可愛的貼圖，但事實上她根本看不到這小小的貼圖。

是的，我們視為理所當然的世間七彩，全臺灣有幾十萬人再也看不到了，而我們的「文字敘述」可讓他們再次「看到」。就像那天在薇雅老師家中，文言拿出前一晚在蘇澳情人灣拍攝的「藍月」畫面，我看著畫面，緩緩說出：「海面上反射出一條銀色的光帶，那條亮晃晃的光帶，從地平線的盡頭，一直綿延到你的腳邊。」

「淇華，你講得好有畫面。」徐薇雅老師說：「你幫我『看到了』那枚藍月。」

我們可以用文字替視障者畫圖，讓他們在黑暗的世界中「看見」這世界的美麗，只要各位作家和出版社輕輕說一聲：「是的，我願意，我願意讓我的文字，成為他們的光！」

婉如的親水教育夢

臺灣四面環海，為何不能像荷蘭或紐西蘭成為海洋大國？我們的海岸已經塞滿水泥消波塊，需要有更多的親水空間來推廣親水教育。

臺中市旱溪水域最近多了一座會在夜空投射七彩光影的「康橋」，因為四時景幽，晴日眉峰在目，雨天垂柳帶容，民眾開始走入這個親水空間，休憩散步、沐浴月光、諦聽音樂，甚至在輕艇上享受模擬乘風破浪的快感。

這幅如夢畫景，由許多無名英雄編織而成，而其中那顆最忙碌的飛梭，原來是位平凡的家長。她是林婉如，一個懷有不平凡大夢、投身親水教育的媽媽，她的夢源於一對高中情侶的戀愛故事。

四年前，婉如的女兒進入惠文高中。透過一次幫老師到體育班傳達訊息的機緣，喜歡上了輕艇隊的選手。交往時，擔心的婉如原本非常反對；待小情侶分手後，婉如反而扮演起心靈捕手的角色，關心起小選手失戀後的心理調適問題。

在互動中，原本對輕艇運動完全陌生的婉如，了解到這些得獎無數的選手，竟然是用最克難的方式，在窄仄的游泳池練習。練習用的南屯游泳池為了興建國民運動中心被拆除，選手們只好轉移到臺中糖廠開挖到一半的大水坑練習。這個荒廢的水池，環境十分惡劣。練習一年多後，水域又要開始整治規劃，再度面臨沒有訓練場地的困境，婉如開始思考，要如何為這些選手找一個像樣的練習空間。

在這沒場地的空窗期，選手們也不能中斷練習，只好遠赴南投日月潭。家長們找到一部中古巴士當交通車，但是問題來了，每天下午三點校門口集合，教練帶這群選手們花一個多小時從臺中市開到日月潭，練兩個小時，再花一個多小時開回來，選手們已累得人仰馬翻，這終非長久之計。

那天婉如寄給我一份陳情書。「這要給市長的，麻煩蔡老師幫我潤一下稿。」除了潤稿，我也請指導的文創班學生製作紀錄片，喚起公部門注意。那已是快四年前的記憶了，這段期間只知道婉如仍馬不停蹄地為輕艇選手爭取資源，聽說她遇到好多困難。待上週重敘時，才知道她不僅是個夢想家，還差點當烈士。

原來市長收到陳情書後，開始為他們四處尋找水域場地，剛好當時旱溪康橋整建計畫完工，政府斥資七千七百萬進行排水環境營造工程，正巧留下了像樣的划水道。這水域權責單位是中央第三河川局管轄的，向他們申請使用時又受阻，經溝通協商，一位願意扛責的范局長力挺他們使用，終於露出曙光。

但是工程完成後，問題仍多。第一是河道雜草叢生，所以選手們必須拿起鐮刀除草；第二是岸邊沒水、沒電；第三是兩岸沒有停放輕艇的艇庫，所以婉如和家長們從臺中港買兩個貨櫃，吊到岸邊。但是有居民認為有礙觀瞻，準備舉白布條抗議，還一狀告到市府，最後貨櫃被吊走，所以大雨時，輕艇常會漂到下游，也有遊民晚上來偷划輕艇，造成損壞。比賽用的輕艇動輒幾十萬，這些都是選手與教練捐出比賽獎金購得的心血，婉如媽媽心痛之餘，繼續大力奔走，每次都講到快跪下來，終於在民意代表的協助及取得居民的共識後，找到了理想的擺放空間。當地志工與家長還彩繪貨櫃，成了美麗的河景之一。

然而「英倫休閒之河」大夢真的這麼容易移植？不，旱溪上游有家庭汙水及工業廢水排放，雖然經過生態淨化池並定期疏濬，但水質一直很不穩定。環保局三月出爐的水質檢測，居然是丁類，只適合工業用水和灌溉用水，有些輕艇選手根本不敢讓水潑到身上，皮膚敏感的甚至會出現紅腫刺痛。

「臺灣的親水教育不能遇到困難就叫停啊！臺灣四面環海，為何不能像荷蘭或紐西蘭成為海洋大國？我們的海岸已經塞滿水泥消波塊，需要有更多的親水空間來推廣親水教育。」婉如的每個問題都插入臺灣教育的軟肋，我卻想不出拔出的辦法。

「親水教育包括溺水自救、防洪河川整治、保護生態水資源、公共空間營造、家庭汙水與工業廢水處理，甚至是創造觀光產業。」專業的婉如使我瞠目結舌，她讓我想到拜訪矽谷時，Cupertino市公共建設委員的發言，兩者竟有部分相像：「加州已連續五年大旱，農業灌溉都是抽取地下水，所以正計畫將處理過的家庭與工業廢水再打入地下，經過地層的自然淨化後，使地下水用之不竭。」

「因為中央與市府各擁水權，所以康橋是中央與市府捐棄成見後完成的。你知道的，當公務員，誰願意自己的水域溺死人，所以不幹最簡單。現在終於取得共識，一起維護水質、定期水質監測、源頭汙染控制。但如果沒有親水教育，就不會有良善國民的參與，國土還是一樣髒亂。」四年來婉如與各階層的公僕、專家學者、民意代表折衝協調後，儼然成為比任何老師都專業的親水教育專家。

「這幾年來推廣輕艇活動，吸引好幾萬人參與，說不定藉由這項全民運動，可以為臺灣培養出具競爭力的選手。」婉如愈說愈起勁：「為配合二〇一八臺中世界花博，豐原葫蘆墩公園一．八公里的水域淨化水質，將成為另一個輕艇休閒運動水域，二〇一八年就會完工了。還有配合二〇一九東亞青運，石岡土牛運動公園會打造靜水競速訓練場地，未來從事水域活動的人一定愈來愈多。」

現在扛起臺中市輕艇協會理事長擔子的婉如，夢愈做愈大。她的輕艇之愛開始於一段不成功的高中生戀情，但相信臺灣國民與天地大水的戀情，一定會和婉如的親水教育大夢一樣，透明清澈，深遠悠長！

堅持解決問題的所在——小心假性志願

失敗代表摒除不必要的事物，我不再自我欺騙，不如忠於自我，投注所有心力完成唯一重要的工作。——J・K・羅琳

「你說，你未來有什麼志願？」演講者在快結束前，問勇敢走到臺前的學生。

「我未來想要……」

「太棒了！記得有夢就要去追，徬徨是青春的特權！失敗是年輕的本錢！我們以最熱烈的掌聲，鼓勵這位勇敢追夢的同學！」

演講者在如雷的掌聲中走下臺，空氣裡彌漫著直銷大會般的亢奮與激情，但我的一顆心卻high不起來，因為我害怕，害怕「假性志願」。

記得國中前，我的志願是當畫家，因為畫畫是唯一讓我廢寢忘食的事。高中

時，我的第一志願是念法律——「我要把壞人全部抓起來！」

後來因為三民主義考不及格，連最後一個法律系志願都填不上，只好照著分數填，因為英文莫名其妙考了高標，就填了英文系。等到三十四歲到學校圖書館服務，隨手拿起架上的六法全書一看，才驚覺根本是外星文，完全無法讀進腦子裡。趕快打電話，請教當時已是臺灣保險法第一律師的高中死黨：「哈哈，你這麼善感的人，本來就不適合硬梆梆的文字，還有，你那麼濫情，不適合念法啦！」哇！所以我當年沒考上法律系，是運氣好！所以我當年一廂情願的志願，是資訊不足下產生的「假性志願」？或是我想像中的理想志願？

一月回到臺灣的Bear，和我聊起他當年的「假性志願」：

「你清大物研所為何不念了？」

「因為我對物理根本沒熱情。」

「那你大學為什麼填成大物理？」

「因為我高中時，物理考很高分，就以為我喜歡物理。」

Bear休學後到處旅行，最後愛上烹飪。

Bear告訴我：分數不一定等於興趣、也不一定等於志願。然而興趣也可能不等於志願——Rita是朋友的孩子，剛自高職餐飲科休學，她決定不再把興趣當志願。

「老師，我念錯科系了。」

「怎麼可能？妳不是從小就立志走這一行嗎？」

「以前常和家人住好的飯店，心想以後一定要在這麼舒適的地方工作。實習後才發現，這行業真的不是人幹的！切菜、打掃、送餐……每天要搞到晚上十點才能回家，第二天早上十點又要到班。原來觀光餐飲，根本就不如外表看到的光鮮亮麗。」

學生常常在「資訊不對等」的情況下說出「我的志願」，因此師長不應一味鼓勵學生往單一志願前進。若可能，則應在學生說出「我的志願」時，提供具體的職業試探建議。例如Rita在進入餐飲科前，可先到現場實習三天，若真的堅持下去，熱度未減，那就是真的志願了。

每當有學生問我該選什麼志願，我會回答：「堅持解決問題的所在。」因為問題代表困難，問題代表退縮，若沒退縮，仍堅持與問題奮戰，代表你對此有熱情，代表可累積專業與不可取代性，代表那是一生志願、職業與志業的所在。

二〇一七年美國聯合大學申請表common app有七個提示，其中包含：「解決

問題的經驗」（Solving a problem）與「從困難學習」（Learning from obstacles），這兩年幫學生填寫哈佛、麻省理工與高麗大學推薦信時，都被要求要說明該生解決問題的經驗。

最近波士頓姐妹校Pingree School招生中心主任Eric來訪。和他討論到招生標準時，他舉出兩個字：Grit（恆毅力）和Perseverance（耐力）。「我會看他在什麼地方有所堅持，解決過什麼困難，而不是他曾經有什麼成就。當眼前問題愈來愈多，我看過太多聰明而有成就的學生無法堅持，最後垮掉。」

祖克柏創立facebook網站，是因為想解決哈佛大學學生線上交流的問題。創業過程中不斷被告，還差點被退學，但他一直停留在願意解決問題的所在。《哈利波特》作者J・K・羅琳參加牛津大學的入學考試，未被錄取，大受打擊。她曾自嘲為「我見過最失敗的人」，但她說：「失敗代表摒除不必要的事物，我不再自我欺騙，不如忠於自我，投注所有心力完成唯一重要的工作。要是我以前在其他地方成功了，我也許永遠不會有這樣的決心，投身於我相信真正屬於我的領域。」寫作永遠是J・K・羅琳堅持解決問題的所在，也是真正屬於她自己的領域。

我曾告訴一個對拍片打死不退的學生：「別管國立、私立了，填電影相關科系吧！進了這個領域，你就是王，因為以後沒有人會比你更專、更精。」他被視為聯考的失敗者，因為考上私立大學，但是他後來得了臺中市微電影首獎，拿了一百萬獎金，還成為全臺第一個錄取世界排名第一、英國影劇學院導演組的學生。我也曾對一個分數上國立大學廣告系的學生說：「念這個系會浪費你的生命，因為這兩年觀察下來，在社團裡，你最怕問題、最不願動腦，甚至作品最少，你只是大考分數高，廣告系會是你的假性志願。」果不其然，這位學生大學順利畢業了，卻因缺乏核心能力，一直待業在家。

今世，志願不應再是「只要我喜歡，有什麼不可以」的廉價浪漫。志願是有邏輯的，師長不應再給孩子沒思辨、沒邏輯的志願。村上龍在《工作大未來——從十三歲開始迎向世界》中提到：「十三歲是成人世界的入口，國中階段是孩子進入成年人的預備期，學校及父母若能激發學生對職業的關心與好奇，學生就會理解要投入不同職業需要不同的學習。」

然而在臺灣，很少師長會認真地與十三歲的學生談他的志願，師長常跳開耗時的職業試探，讓學生用「直覺」在作文課寫〈我的志願〉，或天馬行空地將「我的志願」丟進學校提供的「時光膠囊」。這樣的「時光膠囊」裝進去的，是錯過的學習時光。根據二〇一六年清大對大一學生的普查發現，學生對所讀科系很滿意的只有一半；而二〇一五年一一一人力銀行調查發現，大學以上學歷的上班族有五成四自認學非所用。

一樣自認學非所用，有人憑著好的態度與原生家庭的支持，「迷路原為看花開」，生命急轉彎後，還能「行到水窮處，坐看雲起時」；但更多閉著眼睛，跟著升學口號前進的部隊，待發覺深陷維谷時，前有「助學貸款」追兵，後無「富爸爸」補充糧秣，甚至已是「四十、五十而無聞焉」的尷尬中年，進而陷入「回首向來蕭瑟處」的惆悵與徬徨。在二十一世紀中產階級萎縮、好工作減少、階級幾乎停止流動的年代，能承受選擇「假性志願」巨大成本的年輕人，愈來愈少。

我常幻想，會不會在一場熱血的演講後，十三歲的我衝到臺前，拿起麥克風，大聲說出：「我以後想當畫家。」然後那位講者會因為擁有足夠的素養，便對我說：「很棒喔！那表示你身上有創作的基因，創作會讓你快樂。你可以以創作為圓心，向外畫圓，在藝術、建築、寫作、電腦繪圖等相關的領域，參加社團、實習打工或做專題研究。遇到問題時，找到你堅持解決的所在，那將會是他人攻不進的疆界，也是你王冠的所在，只屬於你的，第一志願！」

第5章

巨人的肩膀上

攏是青春，攏是愛！

這兩百年臺灣歷史的棋盤，到底教了我們什麼？教我們成王敗寇嗎？教我們算計歷代世仇嗎？要怎麼算，這個島嶼才會有永遠的善解與包容？

「臺中市萬和宮祭拜媽祖，三百餘年來常顯聖蹟，是臺中最悠久的古剎，由居住南屯一帶的十二大姓氏集資建廟，一七二六年落成，定名為萬和宮。」

「老師，為何取名『萬和』？」與學校同仁走讀南屯，聽完文化協會黃宗仁老師的解釋後，我提出疑問。

「『萬和』是『萬眾一心，和睦相處』之意。」

黃老師說完，帶我們走到後方的文昌公廟：「文昌公廟建於一七九七年，是彰化縣內最早建立的文昌帝君祠之一（臺中曾屬彰化管轄）。以前每年舉行兩次鄉試，是臺中文化發祥地，但在日據時代是『犁頭店公學校』。」

「變日本學校，好奇怪喔！」

「才用了七年，就遷到了現在的南屯國小。還好南屯地區仕紳一直為保存傳統漢文教育努力，還響應臺灣文化協會，在文昌公廟成立『南屯昌明會』教漢學。」

「黃老師，你說的是林獻堂擔任第一屆總理的臺灣文化協會嗎？」

「是啊！林獻堂的父親林文欽曾經中舉，還自費打中法戰爭，對臺灣貢獻很大。」

我第一次看見林獻堂三個字，是三十一年前。那年念高一，打掃校園時，被一塊石碑吸引，上面銘刻：「吾臺人初無中學，有則自本校始。」哇！太帥了，臺灣人自己的第一所高中，再往下看：「有識之士深以為憂，知創立中學之不可以緩也。歲王子，林烈堂、林獻堂……乃起而力請於當道。」

到了網路時代，我開始大量翻閱那些密藏在大盤帽裡的偉岸名氏。終於知道林烈堂、林獻堂都來自霧峰林家。

去年到霧峰林家舊址——今日的明臺高中——演講，接待我的副校長相貌堂堂，聽完他的自我介紹，才知道他屬林家頂厝，是林獻堂的曾孫。演講前副校長引導我坐在林家百年的雕花大床上合影，拍完覺得戒慎惶恐，因為這張床可能曾經坐過林獻堂；也可能坐過「林家下厝族長」林祖密。林祖密曾組織閩軍幫助孫中山革命，出資扶持中華民國的成立。林祖密的兒子林正亨一樣熱血愛國，畢業於南京陸軍軍官學校，後加入緬甸中國遠征軍，戰鬥中身負十六處重傷，幾乎喪命。後來他對國民黨失望，回臺後開始為共產黨祕密工作，成為第一個被國民黨槍斃的臺共，年僅三十五歲。

離開明臺高中後，我打開收音機，陳文茜正訪問《阿罩霧風雲——落子》的導演李崗。李崗談到這一系淌滿雄性熱血的林家男子，像大時代的棋子，選擇了不同的政權落子，但終究人如落花自飄零。

李崗說圍棋是絕對的廝殺和勢力消長，但有沒有可能最後追求的是棋聖吳清源的「終極和諧」……我不禁思忖，這兩百年臺灣歷史的棋盤，到底教了我們什麼？教我們成王敗寇嗎？教我們算計歷代世仇嗎？要怎麼算，這個島嶼才會有永遠的善解與包容？

我們不僅讀歷史、修課綱，也該在自己的土地走讀。像那一年我行走校園，駐足讀碑，讀到了石中名字，讀出了歷史精魂不死的青春與愛。他們要不同的世代，不同的棋盤，每一個落下的棋子，攏是青春，攏是愛，也攏是「萬眾一心，和睦相處」的萬和！

倫敦的石板路

肉鋪街最後成了《哈利波特》電影中的斜角巷，牛津基督書院成了霍格華茲的木橋。讓我們願意飛過黑海與裡海，飛到「文化日不落國」。

「搞什麼嘛，塞塞塞，這麼大的都市，這麼窄的路！」剛到倫敦時，因為每天早上要塞兩個小時以上的車，才能到達參訪的學校，全團的人個個叫苦連天。

「還是臺灣好，交通方便。」我有點沾沾自喜：「原來英國也不是多進步的國家。」

在倫敦塞三天後，終於可以到其他城市「放風」了。我們先到劍橋、約克，再從威爾斯的卻斯特，繞到斯特拉福、牛津，一路上腳底踩的是石板路、石板路，還是石板路。六百年歷史的約克肉鋪街，其凹凸不平的石板路割裂了我皮鞋的縫線，逼得我不得不買一雙克拉克鞋。

但如同龍應台的感覺——觸摸千年的城，踏在百年的石板路上，人對生死會更處之淡然。我也漸漸愛上那些冥頑不靈的老石頭。他們是聳立兩千年的羅馬城，是維京人一千年的磨刀石，是基督徒七百年前堆疊而成的大教堂，甚至是躺成二十一世紀還在行走的石板路。這些記憶石化了，卻都完整保留著。

但保留也是進步的絆腳石。在「民粹至上」的年代，石頭只要絆倒一個人，都可以馬上搬走，就像文成當日，臺灣的一則新聞：「新竹市占梅路因鋪設石板路遭民眾抱怨。當地車輛進出頻繁，卻鋪成石板路；不僅道路凹凸不平，家有嬰幼兒的車子開車行經此處，小孩常被驚醒，車子也易受損，民眾質疑為何此路會鋪成石板路？當初的規劃失當？」

地政處官員解釋：「占梅路原規劃以行人通行為主，但因時空變遷，設計早不符市民需求，石板路有更改為柏油路面必要，已要求重畫時即刻改善，將在一週內完成。」民眾抱怨、時空變遷、不符市民需求、即刻施工，多麼熟悉的語彙，於是「一週內」新竹將多了一條汽車走的道路，少了一條「原規劃以行人通行為主」的石板路。

為了「快」，臺灣人好有效率啊！說拆就拆。就像我居住的臺中市，身世模糊，南屯區瑞成堂才經古蹟審議通過，成為市定古蹟，十一天後凌晨就遭怪手拆毀；西屯區慶興堂列歷史建築後遭拆除；大肚區穎德堂列暫定古蹟後遭拆除……三十年來的臺中進步史，就是一部「市民失憶史」。

三千多年前就有人類群落的臺中，找不到幾棟百年建築。我們自己的生命短暫，也容不下居住記憶比我們高壽；但英國的房子卻隨隨便便就是三、四百年的歷史，也還允許今人在其間俯仰行臥。

在參訪學校裡，第一次看見一百五十年前的維多利亞式紅瓦尖頂時，我們會大驚小怪、驚呼連連，但之後看到滿街都是五百年都鐸王朝的白牆黑梁後，我們就見怪不怪了，但心裡妒忌得很。

臺中市很大卻花不了錢保護古蹟；約克市很小，卻有二十七個保護區，要照料兩千零八十四個登記在案的建築、二十七處評估中的古代遺跡，而整個英國有超過九千個歷史區域被保留下來。維修這些古蹟所費不貲，但這些歷史地點保護了當地的文化環境，甚至提升了這個地區的生活品質。

肉鋪街最後成了《哈利波特》電影中的斜角巷，牛津基督書院成了霍格華茲的木橋。而我們願意飛過黑海與裡海，忍受時差與疲憊，來景仰我們心目中的

「文化大國」——一個全國人願意放棄速度，忍受塞車的「文化日不落國」。

那天我們又回到了倫敦，倫敦塔的石板路一樣扎人，一樣逼我們放慢腳步。我們在塔裡尋覓《美人心機》、《福爾摩斯》、《古墓奇兵》等電影的場景，這時遠方傳來隆隆砲聲，原來是英國一年一度的國會開幕大典，英女王伊麗莎白二世按照傳統儀式，在倫敦議會發表演講。不久整個倫敦塔飄著濃濃的煙硝味，我們嗅到了這個教育預算正捉襟見肘的國家為保留「皇室傳統」而努力的味道。

「保留」是對是錯，很難說，但我想起英國評論家亞當・拉斐爾（Adam Raphael）說過的話：「如果我們無法保存這些石板，最後它們必將完全消失，而這個區域也喪失了它獨特的味道……保存石板路就是維護了美感與地方特色，以確保住在這裡的人，不僅擁有現代生活的各種好處，而且只因住在這裡，就有舒適的感覺。」

對，就是舒適的感覺，那是便利之外的真實生命需求。

人生不過數十寒暑，我們真的是這些千年、百年遺產的所有者嗎？我們有資格使歷史一夕間灰飛煙滅嗎？我不知道，我得找一條祖父母曾經手牽手走過的石板路，紮紮實實踩在上面，好好地再想一想。

基本弓．基本功

我見到的基本功，不僅是在弓道中的內化禮儀，還有仙北市民對社區的投入及角館古蹟的保存。

身著白衣黑袍，角館高中弓道部的社員一列排開，開始示範「二十八公尺堂射」。個子最小的男孩腰桿挺直，左腳向箭靶踏出半步，再凝視右腳踏出半步，構身，上箭，舉箭，拉弓，調息，鬆箭，中靶。但男孩仍維持原姿勢，不動如山。

「這叫『殘心』，是『射法八節』的最後一節，射手在箭離身後，姿態不變，眼朝箭矢，進行一次吐納，反省剛剛七節動作，才進行『弓倒』。」弓道老師解釋道。臺灣學生拿起手機此起彼落拍照，但男孩似乎身處另一個闃寂的世界，雙眼微閉，兩手插腰，吐納緩行，至二告示處，鞠躬，轉身，繼續吐納緩行。

那二告示分別是吉見順正的《射法訓》，以及《禮記．射義》。日本學生對我族的《禮記．射義》行大禮！這太有意思了，我連忙上網搜尋原文：「故射者，進退周還必中禮，內志正，外體直，然後持弓矢審固；持弓矢審固，然後可以言中，此可以觀德行矣。射者，仁之道也……。」我的視線落在「內志正，外體直」六字上，不自覺挺直多年的駝背。

「這些學生即將參加弓道檢定，檢定重點在射法八節的禮節上，只要達成這些基本動作，不管二射是否中靶，均可升級初段。」導遊這時開始翻譯弓道老師的講解：「二段檢定時，二射中一靶即可。總之，弓道最注重的，是正確技法的『真』、內心鎮定的『善』，以及姿勢『美』的基本功。」

這趟帶學生到日本秋田縣參訪，我見到的「基本功」，不僅是在弓道中的內化禮儀，還有仙北市民對社區的投入及角館古蹟的保存。

仙北市役所的田口小姐來校商談三次，終於談成這趟兩天民宿的教育旅行。我和同事待的民宿有一百五十年的歷史，仍屋端梁正，令人驚豔。待我們去訪視學生的民宿，得知已有三百年歷史時，更是驚嘆連連。整個角館町六百公尺長的

道路，可以欣賞到全按昔日風貌留存的武士屋敷通（宅邸）群，逾二百五十年樹齡的巨柏、山楓、赤松、銀杏環繞四周，還有佐竹北家妻子由京都帶來的四百株枝垂櫻。旅客走踏其間，猶如墜入時空隧道。難怪角館町有「小京都」之稱，觀光實力驚人。

今日角館依然楓紅杏黃，但我突然思念起故鄉的老屋與老樹。

日前帶學生去參觀南屯的瑞成堂，年過七旬的黃崇亮先生指著祖宅喟嘆：「一百年的瑞成堂其實不是這一帶最美、最有歷史的建築，論規模與精緻度，頂多只能排第三或第四，只不過因為臺灣人喜歡拆舊建築，而我們堅持要留下來，所以瑞成堂成為代表性的臺中市定古蹟。」

在利令智昏、不重視歷史根「基」與文化根「本」的土地上，任何老建築都會成為現代化的絆腳石。

二〇一一年九月初，臺中市府現勘審議後，瑞成堂被列為暫定古蹟，九月二十日凌晨就被怪手破壞，整棟建物最精緻的公廳正面被完全拆毀。兩年後，才被文化局審議列為暫定古蹟的大肚百年歷史「穎德堂」，一樣不到一週就遭搗毀。三合院只剩一堆殘骸瓦礫，因為列為古蹟，不得轉賣，持分人將損失不貲。

以往自己對老建築並無深刻感受，但今年七月韓國姐妹校來訪時，發覺學生整理出來的接待行程，竟然大都是日據時期的建築。

「你們不知道韓國人有仇日情結嗎？我們怎麼可以整個行程排得都是市役所、武道館、宮原眼科等日據時期建築呢？」

「但是，老師……我們真的找不出屬於我們文化、有規模、又好玩的歷史建築。」

這一日我又羨慕、又忌妒，百味雜陳地走在異國的街頭。「老師，快來，那裡有四個黑衣武士，我們快過去合照。」和團員拍完照後，才知道這些持刀武士和穿和服的女孩都是角館高中的學生。

角館高中一直都是升學至上的學校，但這幾年遭逢世界性高學歷高失業的浪潮，政府及學生開始注重基本面，務實因應。目前角館高中有一半的學生不報考大學，直接報考JR（日本鐵道）或公職，錄取後的待遇不比大學生差。這些穿上古裝、扮演武士與公主的學生，組成社團，假日時擔任志工，厚實地方觀光資源。他們從做中學，直接投入社區發展，未來進修會更有成效。臺灣教育部想翻轉高中職生畢業即升學「直達車」觀念，提出的「青年教育與就業儲蓄帳戶計畫」與他們的做法有異曲同工之妙。

日本這幾年經濟不好，極力靠「觀光立國」轉型，短短四年內，觀光人次從二〇一一年東北三一一大地震的六百二十二萬，成長到二〇一五年逾三倍的一千九百七十四萬人次；總消費金額更從八千一百三十五億日圓暴增四倍，來到三兆四千七百七十七億日圓。

日本人到底投入多少資源發展觀光？田口小姐帶我去看她服務的單位，仙北市役所負責觀光與教育旅行的部門有五個人：歡迎會上表演空手道的小男生、扮演斬妖除魔的紅面神農和街上拉人力車的腳伕，都是市役所員工義務扮演。為了振興經濟，整個社區居民更是全力配合，開放百年老屋充當民宿。

「我好羨慕你們觀光業的基本功。」茶敘時我不禁向田口小姐表達欽羨：「你們為何那麼重視『向我們借來』的文化，都市發展時還願意留下老屋、老樹；而且市役所這些人真的是不要命了，做那麼多！學校、學生與社區居民也都這麼投入。難怪單單去年，臺灣人來日本就超過三百萬人次。」

「臺灣也有很好的基本功啊！臺灣有美食、好客的居民還有CP值很高的婚紗攝影。」很哈臺的田口拿出她的婚紗照安慰我：「像今年暑假我就和我老公飛到臺北拍婚紗照。你看，拍得好漂亮！就是攝影棚髒了一點、馬路危險了一點、空氣……」

田口不好意思再講，我知道她超愛臺灣，一年要飛來旅行好幾次，只是她對這個她深愛的土地與人民，有很深的期許，那都是臺灣曾經忽略的「基本功」。沒關係，還來得及，開始就是一種抵達。就像經過四年的搶救，瑞成堂被救了回來。

只要我們在瘋狂升學考試中，不要忘記修身禮儀與學用合一的基本；在經濟至上的破壞中，不要忘記自然環境與文化傳承的基本，我們就可以內志正，外體直，持起如椽巨弓，構身，上箭，中靶。內力穿越的會是世世代代風清日和、進退中禮、更美善的未來。

記南三陸町的生與死——歡迎回家，以百合花香

愛可能超越族群、跨越時空。

「十一月二十二日早上五點五十九分，日本東北部發生規模七・四的大地震，日本氣象廳對福島和宮城縣海域發出海嘯警報。」看到新聞，我和國際教育組彥慶組長都悚然一驚，因為兩週前我們正在宮城縣南三陸町海域，與小山船長出海捕章魚。如果那時海嘯襲來，我們的小船挺得住嗎？

二〇一六年十一月上旬的南三陸町之旅，實屬意外。二〇一五年日本山形及秋田兩縣官員相繼來訪，承諾將大力補助民宿行程。我心裡糾葛，要放棄以前常走的東京行程？放棄學生喜歡的迪士尼？要多拉一趟國內班機，飛到災後的東北鄉下嗎？

「民宿三天，一定可以讓學生體驗更深刻的日本文化。」秋田縣的田口小姐

眼神真摯：「還有，來東北，讓我們對臺灣說聲謝謝。」教育旅行的目的本來就不是玩樂，而是教育，那就試試看吧。

我團山形進，秋田出，路經宮城，因此到了南三陸町。然而，當巴士一進南三陸町，我就後悔了——這裡除了工地，還是工地。上網查詢，才知道二〇一一年三一一地震中，宮城縣人口一萬七千多人的南三陸町，靠海地區幾乎被夷為平地，有六百二十人在海嘯中死亡，至今依然有兩百一十二人失蹤。

抵達南三陸醫院後，出生於臺北、嫁到南三陸町的國際交流協會理事——佐藤金枝女士為大家簡報。金枝女士表示，海嘯中死亡的人，多數本來在安全地區，但最終為回家找尋親人而喪生。他們都是「為愛而死」。而海嘯過後，南三陸町感受到最強烈的愛，來自臺灣。

南三陸醫院外有一面鐫有中華民國國旗的紀念碑，上面刻著「絆」字，象徵臺日情誼的牽牽絆絆：南三陸醫院在三一一大地震時全毀，院內四名職員殉職、七十人失蹤或死亡，中華民國紅十字會共投入二十二億兩千萬日圓重建南三陸醫院。

地震後，來自日本各地的志工紛紛湧入，如負責接待我們的堀井小姐和末松小姐都不是本地人。堀井開車帶我們去看學生的寄宿家庭時，路過一棟三層樓高的紅色鋼骨廢墟，「那裡原是南三陸町防災對策廳。」她的聲音輕微顫抖：「三一一當天，地震在兩點四十六分來襲，海嘯警報隨即響起，二十四歲的女職員遠藤未希就是在這棟建築物二樓，透過喇叭，用平穩的語氣不停廣播，要大家到高處避難。遠藤共播報了四十四次，雖然最後她被海嘯吞沒，但那三十分鐘的救命之聲，卻救了無數的人。」

大地震發生一個多月後，遠藤的遺體才被發現。她新婚的丈夫從她腳上的彩帶認出她，「這條帶子是我送給她的。」

或許世上唯一比死亡更強大的，就是「愛」。接待家庭之一的阿部高枝女士，桌上一直擺著在海嘯中喪生的丈夫遺照，還有一本「指指書」，這是來自臺灣南臺、長榮、文藻和高雄第一科技等大學的學生，用愛為南三陸町所完成的中日對照繪本，讓以後來訪的學生就算語言不通，也能與寄宿家庭順利溝通。

「愛」需要語言嗎？或許不用。

我們的導遊芳妃姐，這幾年接待許多「回到」花蓮的灣生。在日本二戰戰敗後，居住吉安鄉吉野村的一位女性灣生，離臺前把家裡打掃得乾乾淨淨，再於桌上擺上一盆百合花，用花香歡迎新主人，「雖然知道新主人是臺灣人，但都是一份愛。我們走了，也要他們感覺得到。」

愛，真的感覺得到。第二天離開南三陸町時，我們一團三十多位臺灣的中學生與接待我們的寄宿家庭，站在智利贈與南三陸町的復活島摩艾石像前，擁抱再擁抱，他們對我們的照顧，遠超過他們該給的，不僅準備大量精緻的食物，還送了一堆我們快扛不動的禮物。「因為你們來自臺灣，因為你們代表臺灣，也因為這是我們唯一能對臺灣表達的感激。」

我站在七十六歲的小山船長旁，客氣地說：「我們會再回來，希望那時整個南三陸町的重建工程都已完成，恢復以前的盛況。」商船到過高雄、基隆、花蓮無數次的小山船長只是傻笑，欲言又止，突然用英文說出：「Maybe I'll expire（死亡）when you come back.」我和彥慶組長連忙抱著他：「不會的，不會的，你一定會健健康康的！」

巴士離開南三陸町時，每個轉彎處，都能看到南三陸町的志工和章魚吉祥物揮著大旗說再見，「他們看不見我們後，還在揮。當導遊幾十年了，這次我竟然也被深深觸動。」芳妃姐說。

十一月二十二日規模七・四大地震發生後，臺灣的學生紛紛用Line問候南三陸町，接待家庭也馬上回報平安。辦了那麼多年的國際教育後，我突然懂了這些忙碌背後的意義。

沒錯，歷史上，我們曾是彼此敵對的國家，甚至兩國高層目前也陷入進口輻射食品的貿易戰中。但當回到民間，回到最根本的人，我們的愛卻可能超越族群、跨越時空。不用太多語言，只要一個眼神、指尖的碰觸，我們就懂。

我們的海——讀嚴忠政《失敗者也愛》

想學寫作、認識藝術、親近美、了解愛與慈悲，去讀詩吧！

「到臺東看海吧！不用特別計畫，流浪個幾天再回來。」

那日，詩人率性邀我同行，我們說走就走，殊不知繞過南迴公路，沿著臺十一線，進入了「某種遺忘」之後，我的人生因此產生翻天覆地的改變，從此知道怎麼去「改編細雨」，知道怎麼把人情細節寫成詩歌，也終於知道「流浪比旅行更沒有重量」。

與詩人同行，爬阿塱壹、瘋綠島、探蘭嶼，除了看湛藍的海，還能看見「宣紙的背面／更多來不及翻過來的浪」（〈東岸水墨展〉）。因為當詩人望著太平洋的長浪，破碎，又再次成形，常常會開始談起我以前永遠搞不清楚的「符號的延異」。我們更在大洋之濱，一個絕對應合的情境裡，談海洋書寫，也談「語言形式如何在線狀延展的過程，不斷崩壞與再生」。

陪詩人一次次看海，那些大學時期錯綜複雜的符號學棋盤，開始有了明確的疆界——就在詩人的「海岸線」。我終於可以化身派遣文字的將軍，那年「引楚河灌溉的秋色」（〈王老先生〉），顯得特別深；甚至眼界開了，可以看見「站牌出現第三個面／那是每首詩都想抵達的遙遠」（〈海的選擇和遺忘〉）；在現實困頓時，還可以「在起霧的玻璃，畫個門出去」（〈簡寫〉）。

爾後我應用這些詩學以及他的詩觀創作、教學、得獎、著書，被更多人認識，甚至第三本書的書名《有種，請坐第一排》，都是為了向詩人致敬；第四本書《寫作吧！你值得被看見》，更是嚴忠政的教學整理。每次演講時，我常有長長的停頓，深深慨嘆：「想學寫作、認識藝術、親近美、了解愛與慈悲，去讀詩吧！」

譬如在八里氣爆時，詩人為傷者寫下的〈療癒〉：

想像肌膚
換成了月光

六分之一的重力
你是熟睡的天體

想像醒來
堆高高的雪人
和你玩猜拳的遊戲
全世界
都給了他們雙臂

不痛，不痛

想像你還要旅行
有看海的習慣
和一點都不奢侈的
平凡的一個下午

不痛，不痛，即使詩人術後歸來，也只是淡淡地說〈我只是縫了幾針〉：「拆線時／我像一塊布／一塊會痛的布／為了英格藍的優雅／痛也要當成貼身／至於不合時宜的身體／可以努力修改裁縫／讓沒有斜口袋可放的餘生／多一條拉鍊」。

不痛，也要不恨。

其實詩人也曾是「半筋半肉的獸」，憎恨「以愛為暴力的政客」，以及「披著法海外衣的名門正派」。那日在墾丁，詩人持空氣槍連中六發，才知成為文學博士前，詩人也曾是精通射擊、擒拿、一怒喝可鎮住二十黑衣人的波麗士大人。只是季節已走到「風的收斂處」，詩人「以詩為半徑發大威，破大力，金剛怒目」後，常常「在一個人的慈悲裡，偷偷地哭」。

因為理解每一個生命都應該被愛，詩人想用這一本詩集邀大家去看海。詩人像大海，邀朋友，也邀請敵人；邀勝利者，也邀請失敗者。詩人知道每一個人都是廣義的「失敗者」，都會嗅到血液倒退的聲音，都會成為破碎的浪花，但是我們可以把犄角磨成峽灣，指尖不再銳利，放走過境的鰭；姿態太高時，可以學雨蹲下來；太緊張，就將黑夜放鬆，童言童語就能狂奔成遼闊的大海。

打開這一本像大海一樣遼闊的詩集，每一首詩都有著臻於化境的「斷」與「連」，同時也看到詩人用詩的柔軟合掌，與眾生談情，和敵人說愛，因為有了柔軟的心，每片浪花在第二天醒來，曾經的破碎都化成〈一滴不鏽的鋼〉，有了「神的膚色」、慈悲者的遲疑，深怕一個出手太重，就傷了語言和想像力。因為，我們都那麼愛，失敗者也愛！

俯瞰而下，無喜無懼——
讀顧蕙倩《詩領空 典藏白萩的詩／生活》

許是少了一些我們共同的密碼，給你一本書，你就可以找到記憶深處那個年輕的我。——白萩

鑄詩一甲子、曾任創世紀編委與笠詩社創辦人、精融現代主義與寫實主義的詩人白萩，本身不啻是一部臺灣新詩史，這一帙雄健浩瀚的史書，在帕金森氏症失語詩人之際，更需要了解密碼的解語者。

「妳的論文真是能看透我的心！」白萩知道詩人顧蕙倩就是那位解語者，於是放心讓顧蕙倩引領我們走到歷史的記憶深處，找到了那浴火千回，卻永遠不死的詩魂。

顧蕙倩捨棄了安全無虞的傳記書寫方式，她選擇以「詩」寫詩人，這是一

條以命相搏的鋼索，但她知道唯有經過這條路，才能通往白萩這座巍峨的詩山。「藉著詩，我認識『詩人白萩』；如今，依然藉著詩，我將白萩老師介紹給世人。」

翻開兩百七十頁的《詩領空　典藏白萩的詩／生活》，一經捧讀，便無法釋手。我們知道顧蕙倩成功了，她用詩化的散文、用潑墨、用工筆，描摹出詩人跌宕偉岸的一生山水，用「詩」還原了詩人各章山水的「領空」。

在第一章「白萩詩領空」中，作者談到白萩父親賴以維生的日式和菓子，重現白萩的生命原味。「小學五年級的白萩開始接受國語教育，初三的時候，白萩拿到中部美展的首選科，但因家裡太窮，沒錢買筆買水彩……對語言異常敏感的白萩，由於寫作成本比較低，為了家裡的經濟，決心將創作重點轉換到文學。」

在第二章「情慾的遠颺」中，作者試圖重現白萩青年時期的情慾、與生活的困頓：「沒有遠方亦無地平線／活成一段盲腸」，「有時你會將愛偷偷的炒進菜裡／讓我嘗起來分外的酸楚」。

在第三章「死亡的窺視」中，作者寫出白萩因十四歲喪母，而終生關注並書寫死亡：「一隻飛蛾突然陷入黑暗／妳在那兒／但妳已不在那兒」。然而死亡意識卻也對比出白萩「睥睨死亡」的孤傲：「握一個宇宙，握一顆星，在這寂寞的海上／我們的船破浪前進，前進！像脫弓的流矢」，「不自願的被出生／不自願的被死亡／然後他艱難的舉槍朝著天空／將天空射殺」。

作者在第四章「存在的省思」中，釘根白萩的臺灣《笠》精神：「一九六四年，白萩與陳千武、趙天儀、詹冰等十一人共同發起笠詩社，並在臺中成立，曾

擔任多期主編。」

在第五章「以詩為臺灣塑像」中，作者討論白萩詩作的現實與超現實，提到白萩從西方繪畫中吸取不少營養。「關於超現實與現實，我以為超現實比現實更現實。……超現實與現實完全可以連接的，正如日常語言也可以是詩的語言，但一定要用得好，連接得好。」

詩人知道詩是抵抗時間最有利的武器，顧蕙倩在書的「後記」中，重臨領空，以「俯瞰而下，無喜無懼」為題註解詩人：「白萩依然是那顆最閃亮的北極星，靜靜的立在自己的詩領空裡，俯瞰而下，無喜亦無懼。」

《白萩詩領空》隨書附贈紀錄片《阿火世界》亦多有可觀之處，在二十多分鐘的鏡頭引領下，透過許多詩人、學者對詩作的朗讀與解釋，更讓閱聽人可以進一步了解詩人白萩，對現實與土地多麼的關愛，又對臺灣文學做出如何巨大的貢獻。希望這本詩人傳記的出版，能令更多人閱讀白萩，共同持續耕作這塊豐饒的文學土地。

今天的歌，明天的詩——巴布·狄倫為何得到諾貝爾文學獎？

不含蓄的吶喊可能可以流行一時，但不會成為明日的經典。

二〇一六年十月十三日，諾貝爾文學獎破天荒地把獎頒給小說、戲劇、詩歌等傳統文類之外的歌詞，授予美國音樂人巴布·狄倫（Bob Dylan）諾貝爾文學獎，表彰其「對美國傳統歌曲進行了詩意表達」。

巴布·狄倫（原名勞勃·艾倫·齊默曼）於一九四一年生於美國。祖父母是猶太裔的移民，在高中的時候就開始組樂團；高中畢業後，以巴布·狄倫為藝名開始活動。大學第一年沒讀完就退學。

他被認為是二十世紀美國最重要、最有影響力的民謠與搖滾教父。他在六〇年代以如詩的文字，寫成抗議歌曲而出名，包括他在二十歲寫下的〈答案在風中飄〉（"Blowing In The Wind"），還有吹響美國六〇年社會運動號角的〈變動的年代〉（"The Times They Are A-Changin'"），都被參與反戰與民權運動的年輕人反覆傳唱。林懷民曾自述：「我是一九六〇年代長大的年輕人，那是披頭四的時代，那是巴布・狄倫的時代，那是嬉皮的時代。」甚至一九七〇年代在臺灣流行的「校園民歌」，也深受巴布・狄倫的影響。

然而他獲獎的消息卻引起舉世譁然，許多詩人甚至怒斥這是對好詩人的侮辱。其實瑞典皇家學院以巴布・狄倫「歌詞表達詩意」的原因而給獎，反而是再一次凸顯新詩這個文類的貴族性。歌詞因為先天「聽音生義」的限制，只能「努力接近」新詩「精確、意象、隱藏」等美學實驗特質，因此很難達到詩的文字高度，所以許多作詞人都不敢自稱詩人。諾貝爾委員會這一次將文學獎桂冠頒給作詞人，其實也在期許歌詞能成為「精緻文學」，因為歌詞與詩有許多共通點。詩人余光中曾模仿巴布・狄倫名曲〈答案在風中飄〉，寫下致敬之作〈江湖上〉。我們來比較一下這兩篇鉅作的類似點：

〈答案在風中飄〉

男人要踏盡多少路程／才能夠被稱為真正的男人？／白鴿要飛越多久海洋／

才能在沙灘安息？／砲彈要飛翔幾次／才會被人們永遠禁止？／我的朋友啊！／答案就飄在茫茫的風裡／答案就是飄在茫茫的風裡……

〈江湖上〉

一雙鞋，能踢幾條街？／一雙腳，能換幾次鞋？／一口氣，嚥得下幾座城？／一輩子，闖幾次紅燈？／答案啊答案／在茫茫的風裡……

是不是都出現了相同的音樂性、節奏感、意象書寫，甚至是抒情傳統。其實，唐詩、宋詞都是以前能入曲的歌詞。諾貝爾委員會今天告訴我們，好的歌詞當然是文學。歌詞真的不要亂寫，不含蓄的吶喊可能可以流行一時，但不會成為明日的經典。

甫於二〇一六年十月十一日歸於大化的老詞人莊奴曾說：「今天的歌是明天的詩。」當全球華人還那麼珍視臺灣曾留下的好歌時，我們或許可以在語文課，加強流行音樂的歌詞練習，就不會有李宗盛講的氣話：「垃圾音樂是豬食，你餵他吃豬食，他就變成豬。」

最好的時代，最壞的時代

基於國家最大利益合作，家人般開始對話，臺灣才可能解決這些治絲益棼的難題。

恭喜你！今天選舉的勝利者，但明天起要麻煩你，因為我們正進入一個不能閃躲的艱困年代。

如同狄更斯以法國大革命做為時代背景所寫小說《雙城記》的開頭：「這是最好的時代，也是最壞的時代；這是智慧的時代，也是愚蠢的時代；這是信仰的時代，也是疑慮的時代。」

對於臺灣的明天，我們有太多的疑慮。我們疑慮再也沒有乾淨空氣可以呼吸——我們居住的島嶼，除花、東兩縣外，其他縣市致癌物細懸浮微粒（PM2.5）都超標，南投和雲林甚至在三年內就增加了一倍，全臺過半的人民，心肺疾病死亡率將會增加百分之六以上。

燃煤發電是產生PM2.5的重要原因之一，而臺中火力發電廠的規模是世界最大。儘管如此，其供應電量其實早已不敷工業及民生所需，所以二〇一一年就計畫要增加第十一及第十二機組，但因空汙嚴重而停擺。如果不建，臺灣就必須三選一：基礎建設不足、興建核四，或使用昂貴替代能源並提升電費。然而，過去幾十年，我們在政治語言中閃躲，因為任何一個選項，都代表選票的流失；所以，除了民粹與選舉，我們一直在原地踏步。

未來不是只有能源與空汙問題。經濟疲軟、兩岸競合、國債過高、貧富差距擴大、人口高齡化、教改失敗後的人才短缺等，無一不是長年政治惡鬥留下的歷史沉痾，得到選票的人，不能再閃躲了。

今日臺灣，如同過去五年正處於危急存亡之秋的突尼西亞，也面對歷史最嚴峻的考驗。

然而二〇一三年，突尼西亞的四個關鍵組織成立了「全國四方對話」，建立對話機制，不再閃躲問題，以道德權威自持，推動國家和平、民主發展，突尼西亞得以在阿拉伯之春動盪後的短短幾年內，真正嘗到民主轉型的果實。

兩個月前，挪威諾貝爾委員會將和平獎頒給了「突尼西亞全國四方對話組織」，因為他們證明了過去再怎麼對立的政治團體，都可以基於國家最大利益合作。

今天，終於選完了，臺灣島內惡鬥幾十年的政黨，可不可以不要再互貼標籤？可不可以也學突尼西亞全國四方組織，基於國家最大利益合作，像家人般開始對話？然後，臺灣才可能解決這些治絲益棼的難題。

狄更斯雖然在《雙城記》一開始對時代充滿了疑惑，但他在書末卻也寫下了：「家是一個名字，一個非常強大的字眼。它比最強大的魔法中巫師說過、神靈回答過的字眼，都更加強大。」

親愛的總統、來自四方的代議士，不管明天我們叫什麼國，請記得我們住在同一個家，榮辱與共，同氣相求。所以明天起，不要再為選票閃躲，不要再潮打空城，真誠地面對面坐下，給臺灣一個四方安穩的家好嗎？

後記
從直覺，回到直覺

深冬某晚，和清圳校長、雅慧總編，三個人坐在樟湖國中小旁的民宿庭院。三個人不擅哈拉，聊的都是教育。

小我三歲的清圳，眼神比誰都蒼老。為了推廣「探索教育」，他勞心，更勞力。他不想要下一代的孩子如同柯漢所形容的「偏重智育、缺乏自信、不懂體諒、缺乏感恩」。因此他將學校改為四學期，每學期的空檔，他要帶學生去爬山、溯溪、單車環島，刺激學生的感官學習功能，提升管理情緒的能力，活出意義與責任。

別人休息時，他更累。

清圳暑假剛從美國研習KIPP（Knowledge is Power Program）回來，而且他大量閱讀，所以他的實驗教育充滿了紮實的論述。他的大腦充滿了直覺，完全不懂算計。他直覺偏鄉倒一個學校，就是倒一個社區；所以他募經費、捐時間、獻身體，搞得自己一窮二白。名、權、利，是他最不想要的。聚會當天中午，找他吃飯、詢問教育議題的是國家元首，但他根本不在乎眼前是誰，他只在乎對方的心是真還是假。

他只想把時間留給需要的人。對人、對教育，他有強烈的直覺，只有真與假，只有做與不做。

雅慧也是「直覺傻子」一枚。她很像天下集團創辦人殷允芃，打招呼的話是「我們還能為臺灣做些什麼？」只要丟一個對臺灣教育有益的議題，她馬上像過動兒一樣，眼神充滿炙熱的火，渴望聊出一個解答。

這學期校刊主題訂為「向天下致敬」，雅慧是受訪者之一。學生說三月初雅慧總編會順道來臺中。訪問後，問雅慧到底是如何「順道」？不會說謊的她，只是輕鬆回答：「呵呵，沒有啦，我一個人南下，總比一群學生北上更『划算』，你看他們都還需要上課。」一個人南下，是從宜蘭到臺中，是三次轉車。

這種人，太相信直覺，不為自己算，只為別人、為下一代、為國家。國珍也是。

黃國珍發現臺灣太多「假、大、空」的閱讀教育，難怪閱讀素養是臺灣在二〇一五年PISA排名中掉最多的項目，所以毅然決然辦了《閱讀理解》雜誌。「你沒聽過，要害一個人，就鼓勵他去辦雜誌嗎？」我這樣調侃他，但他的回答卻一點都不好笑：「當我發覺一件為所當為的事，除了我卻沒有其他人會做時，我就決定不要再等了。」國珍太相信他的直覺，像他的父親小說家黃春明，總以敏感和直覺感受社會現實。

臺灣的教育充滿這種「用直覺爆肝、拚命往希望的火光飛去」的傻子。用「奉茶」精神創立「數學咖啡館」，帶動八千多人社群的彭甫堅老師是如此；要用PaGamO幫學生在遊戲中學習的臺大教授葉丙成是如此；要用思考式、體驗式、討論式的學習，不再讓學生「從學習中逃走」，帶動全國學思達風潮的張輝誠老師也是如此。

那日輝誠老師演講完，我要載他到高鐵站。他一上車，整個人馬上疲軟下來：「對不起，我打坐一下，調個息。」知道這個喜歡用「伊哈」來鼓舞同伴的教育革命家，剛剛用完了他的腎上腺素。我握方向盤的手，充滿不忍。這個人明明可以窩在大學當專任教授，卻相信要改變臺灣的教育，必須從中小學的根部開始，所以他捨簡就繁、趨難避易，直覺式撲向時代的困惑。就像嚴忠政的詩〈回到直覺〉：

我們的困惑寫成巨冊
每個字都是峽谷
書名已隨一百種南方消失
因此我們繞過那些
使希望感到痛楚的童話
不可逆的；沿著密林尋找
短暫的篝火、結霜的晨星與所愛……

那麼，我們回去好嗎
回到信任的巫祝裡
用自己的骨占卜遠方

這些將困惑寫成巨冊、為教育感到痛楚的人們都一樣，不管教育需填平的峽谷有多深，仍持續不可逆地、沿著密林尋找短暫的篝火，他們相信晨星與所愛的直覺。痛楚之後，繼續回到直覺，回到信任教育的巫祝裡，用自己的骨，占卜有光的遠方。

這本書，記錄自己直覺後的激情、實踐與反省，也提醒自己——繼續信任教育，繼續信任學習。繼續，回到直覺。

人師系列006

學習，玩真的！

作者—蔡淇華
主編—邱憶伶
責任編輯—陳劭頤
責任企劃—葉蘭芳
封面設計—徐睿紳
內頁設計—吳詩婷

總編輯—李采洪
董事長—趙政岷
出版者—時報文化出版企業股份有限公司
一〇八〇一九臺北市和平西路三段二四〇號三樓
發行專線—（〇二）二三〇六—六八四二
讀者服務專線—〇八〇〇—二三一—七〇五
（〇二）二三〇四—七一〇三
讀者服務傳真—（〇二）二三〇四—六八五八
郵撥—一九三四四七二四時報文化出版公司
信箱—10899臺北華江橋郵局第九九信箱
時報悅讀網—http://www.readingtimes.com.tw
電子郵件信箱—newstudy@readingtimes.com.tw
時報出版愛讀者粉絲團—http://www.facebook.com/readingtimes.2
法律顧問—理律法律事務所　陳長文律師、李念祖律師
印刷—和楹印刷有限公司
初版一刷—二〇一七年四月十四日
初版四刷—二〇二一年三月二十五日
定價—新臺幣三二〇元
（缺頁或破損的書，請寄回更換）

時報文化出版公司成立於一九七五年，
並於一九九九年股票上櫃公開發行，於二〇〇八年脫離中時集團非屬旺中，
以「尊重智慧與創意的文化事業」為信念。

學習，玩真的！/ 蔡淇華著. -- 初版. -- 臺北市：
時報文化, 2017.04
面；　公分. --（人師系列；6）

ISBN 978-957-13-6973-0(平裝)
1.臺灣教育 2.文集

520.933　　　　106004441

ISBN 978-957-13-6973-0
Printed in Taiwan